网络法律话语经典译丛

丛书总主编：程乐　王春晖　时建中　张延川

智能电网安全

[美] 桑杰·戈埃尔　[美] 洪源
[比] 瓦格利斯·帕帕康斯坦丁努　[比] 达里乌斯·克洛扎　著

程乐　刘樊　刘曙元　裴佳敏／译

SMART GRID SECURITY

Sanjay Goel　Yuan Hong
Vagelis Papakonstantinou　Dariusz Kloza

中国民主法制出版社
全国百佳图书出版单位

图书在版编目（CIP）数据

智能电网安全/（美）桑杰·戈埃尔，（比）瓦格利斯·帕帕康斯坦丁努著；程乐等译. --北京：中国民主法制出版社，2020.1

（网络法律话语经典译丛）

ISBN 978-7-5162-2129-7

Ⅰ.①智… Ⅱ.①桑… ②瓦… ③程… Ⅲ.①智能控制—电网—电力安全—电力法—研究 Ⅳ.①D912.604

中国版本图书馆CIP数据核字（2019）第275193号

图书出品人： 刘海涛
出 版 统 筹： 乔先彪
责 任 编 辑： 逯卫光　庞贺鑫

书名/智能电网安全
ZHI NENG DIAN WANG AN QUAN
作者/［美］桑杰·戈埃尔（Sanjay Goel）　等著
程　乐　刘　樊　刘曙元　裴佳敏　译

出版·发行/中国民主法制出版社
地址/北京市丰台区玉林里7号（100069）
电话/63055259（总编室）63057714（发行部）
传真/63056975　63056983
http://www.npcpub.com
E-mail:mzfz@npcpub.com
经销/新华书店
开本/16开　880毫米×1230毫米
印张/8.75　**字数**/129千字
版本/2020年1月第1版　2020年1月第1次印刷
版权登记号：图字01—2019—7452
印刷/北京中兴印刷有限公司

书号/ISBN 978-7-5162-2129-7
定价/32.00元

“网络法律话语经典译丛”编委会名单

前　言

不可逆转的趋势已经开始了：全球日趋智能。目前重新考虑将各类科技转化成集智能、感知与通信于一体的互联网设备。此番重新考虑是因为有很多不错的理由加持。正如以往所见，此类转化有诸多好处。现如今的技术发展以高密度、高同步性和高效率的技术为主要特征，不易出现人为错误，可以提供更多的功能且整体上利润更为丰厚。总之，很多利益相关者争相设计此类技术及开发相关商品市场。

但是一般而言，技术尤其是信息技术，会产生风险和负面影响。现有范式是将我们以前的“愚蠢”技术“智能化”，旧技术的风险与新技术的功能及风险相互对抗并渗透。该融合质疑了很多最初的设想并以新颖的方式开创关于安全性和保密性的概念。尽管在机电安全概念的语境下，许多如传统技术中的物理损耗等风险是可控的。但当芯片与操作规则替代了单纯的开关与阀门，以及当网络逐渐渗透之时，这些风险即有可能改头换面（以不同的形式与规模）重新出现。某种程度上，智能汽车和智能工厂可能更加高效与透明，但是它将对外来者更加开放，更易于接受，并且更倾向于出现不必要的复杂开发，因为任何类型的信息技术总是会增加巨大的复杂性，而且它肯定需要更多的注意力、更多维护和更多的专业知识。另外，还会出现全新的风险，例如，仅仅是驾驶汽车或房屋供暖而产生的隐私问题，因为“智能”技术产生数据——这在一定程度上会成为与人们相关的信息。

相应地，新旧技术的全新融合需要远见与智慧。实际上现在要求这些可能为时过晚了。很久以前，工程师和工业部门便已开始尝试这些范式，并且现在正开始快速地生产与销售因新旧技术相融合而产生的产品。在停顿和重新思考上已经花费了太多的金钱和努力。顺便提及，这是技术研究中非常经典的问题。只要技术还处于发展初期，其实际影响和使用模型就无法准确预测，其风险以及负面影响也难以查明。技术研究人员仅能猜测和假设，这反过来使其大部分努力一直处在象牙塔里。只有技术达到成熟的第一阶段，以及使用模型真正实施时，才能作出更加精确、正确和相关的假设。然而，已经花费太多金钱，并且太多实施中的范式已经返回到起草委员会，然后重新开始研究一些基本问题。在那时，建立了技术与经济上的路径依赖。当然，这些可以改革。有一句名言“你无法停止进展”在此不太准确。由于很多原因，进展一般是不会停止的。但是，任何特定的进展总是可以被塑造和引导的，如果进展的好处与风险几乎不一致——尤其是在进展尚未完全确立的情况下，甚至可以重新考虑和完全撤回进展。

幸运的是，智能技术相对而言依然年轻，并且可以从“设计乐观”的角度来看待。当然，智能技术具有危险、风险和难度，因为两类高度复杂的技术相互融合，涌现出很多不同的方案。但是，智能技术仍然是可塑的甚至是机遇。创新的任何全新开始也是这次将事情做到更好的机会。信息技术在其安全性上极其糟糕，无法防御破坏和间谍活动，监视和操纵，因此在安全和保障问题更加严峻的环境中进行改革，可以促使其回归一些基本问题上并更加努力。

该努力的前提是透彻理解、明确构建问题及其根源所在。他们在技术、经济、法律和社会层面必须具有可理解性，因此才可以创造选择和机会并推荐实施。为此，“智能化”的整个过程仍然需要更多著作，尤其是交叉学科的作品，将技术与人类世界相结合，并思考智能世界可能存在的现实问题。

智能电网（又称智能电源）是第一个通过互联网信息技术改革的大型技术领域。现已在应用和实施中，并就其过程和监管、技术和风险等方面进行评估。

该书作者们为阐明这一全新领域作出了卓越而杰出的工作，并阐释了该领域的风险与好处、条件与机遇、因果关系以及知名专家学者。由于作者们的出色工作，该书可以作为优秀指南——真实的简报——不仅仅是介绍智能电网，还有整个新兴的智能世界及其核心话题。

ESMT Berlin，January 2015

Dr. Sandro Gaycken

目　录

CONTENTS

第一章
实施智能电网所面临的安全挑战

摘　要:智能电网架构将物理电网和通信网络合并为单一的单片网络。这会造成几个众所周知的安全隐患(Li et al. in IEEE Trans Smart Grid 3:1540—1551,2012[1],McDaniel and McLaughlin in IEEE Secur Priv 7:75,77,2009[2],Bisoi and Dash 2011[3])。然而,智能电网面临来自信息物理接口的未知威胁,如果可以操纵物理设备来破坏通信基础设施,网络威胁便可以驱动物理设备,反之亦然。智能电网的运营和安全所面临的最普遍的威胁来自物理破坏基础设施、数据中毒、拒绝服务式攻击、恶意软件和入侵。消费者所面临的最普遍的威胁在于违反数据隐私以及恶意控制个人设备与电器。本章将阐述智能电网架构以及智能电网容易遭受的物理威胁。

第一节　智能电网架构

一、引言

智能电网是指在传统电网上覆盖通信网络而形成的电网。通信网络和电网彼此关联:通信网络依靠电网获取数据,而电网依靠通信网络进行活动运营。电网的作用在于提供无处不在的通信能力,从传感器和电表收集数据并原地处理,以及提供相关信息以支持多样性活动,例如,确保电网稳定,检测并解决异常现象,预测负荷,促进需求响应。这一切均需要完成,同时要保护消费者的隐私,保护关键运营数据不被敌对国家窃取,并确保数据的完整性以满足业务和运营需求。出于将不同的通信媒体整合到单个的单片网络的需要,为多个应用程序提供有保障的延迟和带宽的需求,以及必要时确保数据的隐私和安全等原因,这并不是易于应付的挑战。

电网通常分为输电、配电和最后一英里。输电是指将高压电流远距离输送到分电站。配电是指将分电站的低电压数据传输到本地变压器。最后一英里是指将本地变压器与用户连接起来,这也是公用事业公司和用户互动的地方,以支持实时管理能源的生产、分配、使用和效率。随着智能电网技术的整合,传统网络正在进入家庭和企业。与电网相似,通信网络可以分为广域网(WAN)、城域网(MAN)、场域网(FAN)和家域网(HAN),如图 1.1 所示。

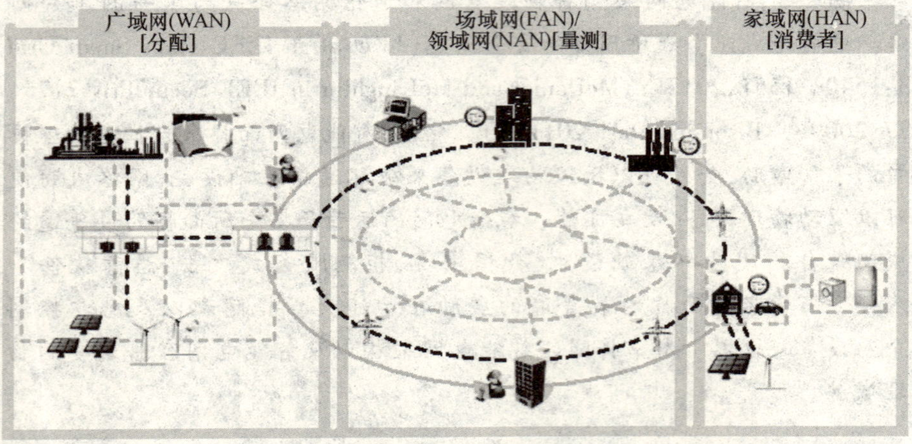

图 1.1 智能电网的演变过程

传输网络相关的主要目标是提供态势感知能力,其中需要跨越大型地理网络进行监测和控制电网的技术。这将包括纳入监测电网状态的同步相量,以确保其同步并支持监控与数据采集(SCADA)系统。该层面的任何疏忽都将对整个电网造成深远的后果,包括大规模停电。因此,WAN 需要提供高带宽(600kbps—1500kbps)、低延迟(20ms—200ms)以及高可靠性(超过 99.999%)。无线技术可能无法满足此种可靠性,并将主要依赖于光纤或其他有线技术。在配电层面,目标是能够监测配电网络的故障和其他异常情况,并能够整合微型发电源。这将提出带宽(10kbps—100kbps)和延迟(从 10ms 到 15s)以及可靠性超过 99% 的可变要求。

关键要求是在停电期间处理来自多个源头的峰值数据。这些网络通常密集且遍布整个城市,需要不同技术的组合,包括无线电、电力线载波(PLC)和高级计量架构(AMI)。最后一英里将负责用户的计量信息以及提供需求响应能力。这要求供应商的互操作性能够支持用户家中不同类型的设备。冗余、容差和安全对于该网络而言都是至关重要的。HAN 需要在短距离内能够将来自多个设备的极高数据速率穿透墙壁。通信信道应该能处理来自多个设备的一系列干扰，并且能够可靠地运行。为了美观与方便，HAN 很有可能是无线的。

二、通信技术

目前，大部分电力系统基础设施综合使用多种技术，包括专用电缆、微波、电力线通信和光纤技术。以专用光纤通信取代一切现有的基础设施会导致成本过高。因此，基础设施将由无线电、光纤、电力线载波和传统电缆或以太网组成。

实施的最诱人的一项技术将是 PLC，因为电力基础设施已经将所有层级的整个电网连接在一起。该技术自 1920 年以来一直在开发，最初是用于通过远程站之间的高压线进行语音和数据通信，最近则用于控制负荷和自动抄表。早期技术是以低于 3kHz 的频率运行，从而可以远距离传输 60bps 的低数据速率。1992 年，欧洲电工标准化委员会（CENELEC）制定的标准中规定了四个频带中所使用的频谱：电力公司为 3kHz—95kHz；一般应用为 95kHz—125kHz，家庭网络为 125kHz—140kHz，安全应用为 140kHz—148.5kHz。在 WAN 层面的创新是在位于传输塔顶部的地线中使用光纤以防雷击。世界上大多数电网系统都使用装入光纤的地线。这些通信信道可以在很远的距离内有效运行，损耗最小并且可靠性高。更新安装的传输线中的这些光纤有助于部署智能电网，而无须任何额外的通信容量。虽然此种基础设施支持智能电网的需求，但驱动目前通信的 TCP/IP 协议无法提供发电厂（包括核电）、控制设备、变电站以及最终配电网之间通信所需的必备安全。

无线媒体将成为智能电网通信基础设施的重要组成部分，主要是由于其便利性与可接入性，特别是在计量和家庭网络领域。通信可以远距离通过中继段（电线杆）进行传输。有几种不同的技术可以使用，包括微波、WiMax、MESH、LTE、Cellular、WLAN 和 Zigbee。微波是一种高容量的点对点无线传输，为无线电接入网和 WAN 在内的电信业务提供基础。它可以应用于 SCADA、AMI 和需求响应等应用。作为 GSM 和 CDMA 的替代品，WiMax 是大型区域内具有成本效益的信道宽带接入技术。它可以适用于 AMI、SCADA、需求响应、流动员工和视频监控。网状网络是通过使用以网状拓扑结构排列的无线节点网络而创建的，通常用于为最后一英里提供宽带接入。它可以覆盖或替换铜线 DSL 或提供冗余的通信通道。它可以用于远程监控、需求响应、AMI 和分布自动化。存在的问题是由于路由器之间的跳跃而导致的延迟；然而，通过添加额外的节点并允许在网络中构建冗余使它很容易扩展。LTE 是移动通信的下一代网络，可提供高频谱效率和低延迟。它可以用于所有使用网状网络的应用；然而，LTE 技术并非现成的并且安装成本高。蜂窝网络通常用于大多数用户的应用程序，包括移动电话、互联网连接、语音和视频聊天以及发送短信。智能电网中，蜂窝网络可以用于员工协调、AMI 等。主要优势在于其已经被广泛部署，实施智能电网举措所需要的资金成本最低。WLAN 已经广泛用于室内连接，并且可以轻松用于家庭区域网，并将智能电表与内部可视化设备相连接。Zigbee 是专门针对智能电网而制定的标准，针对包括智能电表、智能照明和电器在内的家庭网络应用。

三、传感器与设备

虽然通信基础设施推动了智能电网的发展，但是真正的益处将来自网络上的传感器和设备。智能电表将安装在网络的每个节点上，这有助于通过双向计量实现双向电力交换，并允许电力公司精确控制用户电器的用电情况。电表还将允许用户远程访问家中的电器，并为其提供详细的使用数据。此外，它还将为商业实体提供监控、诊断和维修设备的权限。智能电网也将最大限度地减少电网上的人为数据收集。

直到最近，电力公司员工已经人工收集了运营数据包括计量电量、识别损坏设备和故障。智能电网基础设施将允许远程控制和自动化几项运营活动，包括监控由电线、变电站、变压器、交换机等组成的分布式基础设施。网络上的每个设备将由传感器来收集数据（电压、相位、温度等）。该数据将通过电网的双向通信系统接力传送到控制中心。电网的关键需求之一是提高稳定性，这需要在整个网络中安装同步相量设备以进行数据收集。同步相量将实时测量来自整个电网的电量，用于几个关键应用，包括动态响应估计、电网同步和故障识别。这些设备由全球定位系统（GPS）卫星同步时钟、同步相量测量单元（PMU）、相量数据集中器和分析软件组成。

智能电网的另一个关键元素在于电网的自我修复能力，可以自动修复缺陷或隔离故障，从而最大限度地保障用户正常用电。为了在电网中开发自我修复能力，每个开关都需要处理器，并且断路器和机电开关需要用固态电子电路来替代。电网中将添加自动重合闸装置,从而允许因诸如掉落的树枝和大风等事件而导致的暂时性瞬时故障进行自我纠正。为了管理和分析数据,需要结合分布式分析处理能力以及电网的存储能力。最后,保护电网需要通过外围防御和增强对网络入侵和攻击的可见性,我们将进一步讨论这一点。

结语

智能电网需要整个国家全面连接的大型通信基础设施。基于地域分散的基础设施元素,通信将需要由多种通信媒介混合组成。起初,至少在分配网络中,通信为其他服务所共享。然而,随着时间的变化,通信网络可能变得更加专用,因为通信基础设施专门用于智能电网。电网基础设施同样需要传感器来检测和诊断整个电网,并且将现有的机电开关升级为电子开关,以增强自我修正能力。智能电网取得成功的关键因素将在于强大的安全机制,不仅能防止入侵还能确保用户的隐私和数据的完整性。

第二节　智能电网的安全问题和威胁

智能电网有望从根本上将以公用事业公司为中心的集中式电网改变为以消费者为中心的分散式电网,在此消费者能够充分了解情况并积极参与能源生产和消耗的过程。智能电网还能带来更多可见性,有助于更好地监测和控制电网以确保稳定性并降低大规模停电的概率。无处不在的通信网络将所有用户、公用事业公司以及生产者连接成单片网络,可推动实现该功能。然而,这一切都需要付出代价,即增加了受到网络攻击的风险。威胁来自不同的行为主体,包括恐怖分子、民族国家、犯罪分子以及不满的雇员。此外,还需要保护消费者隐私,因为通过精确传输用户数据可以泄露消费者隐私。如果没有足够的安全性,电网中的通信网络可能成为债务而非资产。智能电网已经遭受了无数次的攻击且面临多种安全威胁,我们将在本节讨论其中一些安全问题和威胁。

一、电网攻击事件

由于针对性的网络攻击或者网络异常的意外结果导致如上所述的 SCA-

DA 系统故障[4]，已经有几个文件证明对电网的影响。2003 年 1 月，Slammer 蠕虫侵袭了俄亥俄州橡树港的戴维斯贝塞核电站的计算机网络，造成安全监控系统和工厂处理计算机瘫痪了几个小时。2003 年 8 月，第一能源公司 FirstEnergy 报警处理器的故障导致无法监测电网，并且多种传输线路因为各种原因而跳闸，连锁故障导致东北发电厂瘫痪并且造成停电时间延长。2006 年 8 月，阿拉巴马州布朗渡口核电站的循环泵因为控制系统网络的流量过多而瘫痪。对 2009 年事件的调查显示，黑客通过侵入智能电表以及改变电耗读数窃取电量。在电力批量提供商处也检测到网络钓鱼事件，并且检测到的恶意软件样本表明这是有针对性和复杂的入侵。

以上提及的网络攻击引起了关注，关于民族国家参与这些攻击已经有所影射。还有一些攻击属于信息战役和宣传的范畴，例如，在与俄罗斯闹矛盾期间，针对爱沙尼亚和格鲁吉亚的网络袭击。Stuxnet 震网病毒袭击是攻击国家重要基础设施的首次重大网络战，目的是削弱伊朗的核浓缩设施。Stuxnet 震网病毒是一种利用多个零日漏洞的蠕虫病毒，利用被盗的数字证书来控制西门子公司 S7 PLC 微控制器上的 WinCC SCADA 应用程序[5]。Stuxnet 震网病毒的有效负载是通过使用核试验员的被感染的 U 盘进行传播。恶意软件不仅能提高用于浓缩铀的离心机的转速，而且还显示离心机运行正常。这是其他国家重要基础设施首次遭受的重大战略攻击，此次事件推动了各国进行军备竞赛以研制该武器作为威慑和反击的战略选择。

已有侦察和探测重要基础设施的一些数据[5]。“夜龙”攻击行动的目标是探测美国能源公司（石油、天然气以及石油化学产品）的工业控制系统。这些攻击结合了 Windows 平台上的远程管理工具中的社会工程和漏洞，从而闯入网络中的关键计算机并收集专有信息，包括涉及油气田勘探和商业谈判的文档以及 SCADA 系统的细节。布达佩斯的研究人员发现了另一个名为 Duqu（毒区）病毒的计算机恶意软件，它由一系列工具和服务组成，包括按键记录器、内核驱动程序和注入工具。该病毒在制造工业控制系统的公司计算机上被发现。有人猜测，Stuxnet 病毒编写者使用恶意软件来收集开发 Stuxnet 的信息。针对控制系统的更为复杂的恶意软件是 Flame 工具包，其中包括软件后门、特洛伊木马以及允许其在网络和可移动媒体上传播的复本和传播机制。Flame 是搜集情报的恶意软件，可以通过命令和控制服务器来嗅探流量、截取屏幕、录制音频对话、捕获击键和传输文件。

对智能电网的攻击可能发生在多个层面，包括传输、分配和家庭网络。

这些攻击可能包括基于协议的攻击、路由攻击、侵入式攻击、恶意软件攻击和拒绝服务式攻击。攻击媒介多种多样,包括社会工程、随机网络扫描、内部恶意活动以及破坏通信基础设施。

二、安全问题

智能电网由传感器、监视器、设备网络以及用于数据收集和分析的计算机组成。所有这些都容易受到网络攻击。分析人员发现了与智能电网[7]相关的计算机安全系统所面临的五大挑战,其中包括大量敏感的用户信息、分布式控制设备、缺乏物理保护、行业标准薄弱以及大量依赖电网的利益相关方。与其他典型电力系统一样,智能电网的安全问题具有机密性、完整性和可用性。机密性需要保护消费者和运营数据;为了确保电网的稳定性,在计量和计费的消费者层面以及运营层面都要求完整性;可用性意味着无论系统状态如何,电源都会继续由用户传输和接收。

智能电网面临着与所有复杂计算机网络都相同的安全挑战,因此需要确保网络的周界防范和可视可信。根本问题在于,鉴于整个网络规模较大且相互连接,蠕虫和病毒可能会迅速传播。而且,由于网络的分散性,有大量易受攻击的目标。另外,SCADA 系统的安全性设计不足。例如,西门子公司仍然使用硬编码密码来访问控制系统[8],这些系统一旦遭到破坏就会导致大规模的安全漏洞。管理密码通常进行了预编码,并且从未改变原始设置。可通过如下几种方式进入网络的入口点,包括从被感染的设备渗透、基于网络的入侵、使供应链受损以及恶意内部员工。

除了第三方[9-14]专门攻击和入侵之外,智能电网仍面临几个威胁,包括通过窃取数据侵犯隐私、盗电、扰乱服务、物理性损坏设备、拒绝服务以及市场欺诈。侵入智能电表、无线通信或窃取公用事业公司服务器的数据可以获得详细的用户消费计量信息[9]。该信息对于公用事业公司的计费、需求响应和负荷预测是必要的。然而,相同的信息可以揭示个体的生活方式。每个电器具有独特的用电署名,可以从显示用户从事活动的总体使用模式中提取,包括计算机办公、看电视、洗澡和烹饪等活动。雇主、营销人员、保险公司以及犯罪分子可以将这些信息用于不同的目的。营销公司可以将该信息用于有针对性的营销或引入非竞争性定价。犯罪分子可以利用这些信息来判断用户的日常工作或家庭情况,例如,在房屋里没有人或者仅有一个人时进行盗窃或其他犯罪。通过篡改电表或在破坏加密密钥后改变信息来更改电表读数时,可能会发生窃电[9]。

三、安全威胁对智能电网的影响

通信中的细小破坏(约5%)可以造成重大延迟问题,导致操作性能大幅下降[15]。已经为智能电网中的通信技术定义了若干指标,包括分组递交率(#递送/#预期)、平均端到端延迟和平均数据包跃点数(中间节点数)、成功的断开请求比率(#断开请求已发送/#断开请求已发布)[15]。需要定义并保证这些指标的极限值,以确保电网的无缝接入。除通信延迟问题外,关键问题是从传感器收集的数据可能会被破坏。有一些机制可以检测到基于其他传感器数值的数据损坏。然而,攻击者可以使用足够多的传感器处理数据,以致数据损坏难以察觉[16]。这种攻击不是随机而是相互协调的,不可能按顺序来避免检测。为了攻击成功,黑客需要知道控制中心使用的测量检测和分析技术。

智能电网广泛依赖于广域监测系统(WAM),并根据GPS定位对网络中分布式传感器的数值进行空间分析[17]。测量设备可能伪造GPS定位,导致基于伪造数据而产生错误的控制决策,其结果根据攻击的广度可能会由轻微至严重。可以通过制造干扰来伪造GPS数据,使GPS接收器丢失信号,然后使用提供虚假信息的较高相关峰来创建错误信号。虚假数据可以阻止控制者接收故障信号或者提供错误的故障定位,延迟电源线的检修和恢复。电压尖峰可能被伪装,并且可能会产生错误的电压尖峰,导致控制者产生错误的纠正措施,造成电网不稳定。可以伪造干扰的坐标以防止三角测量并延迟故障位置的识别。由于消息定时在智能电网中至关重要,因此攻击者可以使用合法手段来延迟消息并导致拒绝服务或引发故障。攻击者可以用虚假数据冲击数据流并严重降低性能[18]。

结语

无处不在的通信技术是智能电网的必备条件,但是它同样为黑客使用相同网络访问电网元件提供了机会。物理性通信基础设施以及基于包括入侵、拒绝服务式攻击、恶意软件和社会工程等在内的传统威胁的网络逻辑运算还面临着安全威胁。此外,疏忽大意、设备故障以及自然灾害也会带来威胁。个别行为主体包括不满的员工、竞争对手、恐怖分子、民族国家以及犯罪分子,他们都会构成威胁。整个智能电网是由数据驱动的,数据用于关键操作包括资源管理、负荷预测、错误纠正以及故障隔离。机密性、完整性和可用性在智能电网的数据安全方面均非常重要。无数次数据病毒攻击通过无端的纠正措施或缺乏必要的纠正措施来破坏电网的稳定，而这二者均会导致连锁故障。缺乏可用性将导致网络失去可视性，这对电网又是危险的。简而言之，确保电网的安全性对其取得成功至关重要。

第三节　确保智能电网安全

电网是在地域上和逻辑上分布的极其复杂的系统。智能电网通过通信基础设施来连接分散的组件，并且通过广泛的数据采集和分析来管理电网，以此获取实时的运营智能。此种运营上的智能为电网带来几个好处，包括改善负荷预测、通过需求响应降低尖峰负荷、更好地利用可再生微能源、自动检测和隔离故障以及某些情况下自我纠正。另外，贯穿整个电网的通信基础设施为攻击者接近整个电网提供了机会。因此，智能电网必须拥有强大的安全性能。

智能电网将用户、发电厂、公用事业公司、变电站、网络监督机构和组件相互连接，其中组件包括保护继电器、断路器、SCADA 系统以及家用电器。智能电网分为三个不同的部分，即输电、配电和家庭局域网。传统电网中，通信基础设施在配电网络中的主要作用是监测变电站。然而，通信网络已全面延伸到拥有智能电网的家庭和个人电器。这同样意味着有一个更大的网络需要保护。传统意义上，大量配电体系已成为网络安全的主要焦点，因为其影响最大。配电网络故障有可能引发大规模连锁故障。然而，随着智能电网的发展，攻击智能电表也会造成很大影响，因为攻击通过网络迅速传播，从而导致巨大灾难性故障。电网[19]中存在几个弱点，包括架构、互操作性、通信协议、接口、HAN、用户门户和硬件。

当今部分问题是在电网的分散地点采集和分析的大量数据成为黑客进行数据操纵攻击的目标。大部分数据来自同步相量，它从电网中提供状态信息，包括确保电网稳定所需的电压和电流。基础设施的数据以及软件组件成为亟待解决的大块漏洞。一些传统漏洞来自软件的校验检查，包括跨站脚本、命令注入和缓冲区溢出[20]。其他一些漏洞包括对访问控制、优待和许可的管理不善，缺乏适当认证和管理访问凭证，缺少完整性检查。其他问题包括系统配置不当、延迟补丁管理、缺乏安全审计、日志监控不足、硬件和网络设备配置不当，以及最终缺乏对管理员在安全实践方面的培训。

很多遗留设备是几十年前制造的，且没有内置网络安全。但是，当设备在过渡期间逐渐被替换时，会形成大型漏洞。在过去，电网基础设施的安全范式是“不公开即安全”，也就是说，如果存在的漏洞是未知的，它就会受到保护。我们都知道，在互联网不断扫描网络漏洞点的情况下，事实并非如此。而且，随着 SCADA 系统的软件日益标准化，有可能通过网络进行大规模攻击，致使大规模故障和毁坏。有必要实施迁移计划、全面测试和电网敏捷监控以确保遗留系统不对智能电网构成网络安全威胁。

一、标准与架构

智能电网家电的标准仍在不断发展，因此，针对不同设备创建了不同的安全控制，从而防止测试和评估过程的标准化。数个团队正积极致力于创建标准，包括智能电网互操作性小组（SGiP）、网络安全工作小组（前身是 NIST 美国国家标准技术研究所的网络安全协调工作组），以及智能电网建筑理事会（GWAC）。智能电网的安全要求可归为数据安全（访问控制、数据认证、存储、备份、恢复以及密码协议）、管理安全（风险分析、安全策略以及培训）以及基础设施安全（风险和设备配置、边界安全以及个人密钥交换）[21]。此外，有必要开发过程，以便为网络进行广泛的数据记录和分析获得可见性。需要通过通信基础设施与系统来实现安全，包括 SCADA 系统（DNP3、GOOSE、IEC 61850、IEC 60870-5）、WAN、陆地移动无线电设备（LMR）、WLAN 和 WiMax。

智能电网的大部分通信将被加密，需要在网格中使用公钥基础设施[22]。并且，通信基础设施需要整合安全，包括适当的网络拓扑设计，安全的路由协议、安全的信息转化、端到端加密、安全传播、抵抗拒绝服务攻击（例如，产能过剩、快速检测以及应对措施）。这同样需要数据包验证和不良数据检测。

智能电网通信网络有可供选择的多种搭建架构，例如：包括 HAN、邻域网（NANs）和 WAN 以及网状区域网络（因其可提供多种冗余路径，而被推荐使用）的三层网络架构（关于此架构的研究请见本章参考文献）。这一架构主要侧重于防止拒绝服务攻击以及信号中断。又如，利用分层的方法实现智能电网的安全,从低层次的技术执行到高层次的战略方向,即物理、网络、主机、数据、应用程序、商业过程和企业组织。

二、传感器与设备

个人智能电表需要防止篡改、数据泄露以及侵犯。黑客可以在用户端访问,非法侵入 AMI 电表以及终端设备间的无线通信,或者非法入侵 AMI 电表至当地集中器之间的无线通信。入侵式攻击可以允许通过终端访问公用事业公司的通信网络。已经针对其保护提出了一些建议,其中一项建议是仅针对用电量的变化限制传播。但是,黑客可以从传播的能量使用变化中重构相应文件。已经有人建议将人工欺骗数据包纳入数据流,以致能量使用情况看似正常而非主人不在场。欺骗数据包可以通过用电量或历史模板[1]的泊松分布随机产生。在传播层面,侵犯和攻击的缓冲区溢出类型需要检测。大部分通信网络开放连接以等待合成器/认可信号的响应,有时候只要 75 秒。攻击者可以按照欺骗合成器要求溢出缓冲区,造成网络拥堵。数据包信息可以使用贝叶斯数据分析以检测攻击[24]。运用传输数据和之前数据库的融合中心可以用来确定是否有恶意数据通过[25]。对每个节点进行独立分析,从而防止分布式攻击。

大部分安全模型通过将其与一系列已知的安全状态进行对比,从而来评估系统的当前状态是否有效。暴露分析图可以用于识别用户和数据流。此处,图表上的每个节点有以下至高点:安全机制、系统权限、信息对象以及失信用户;边缘是通向其他节点的路径。这可用于检查欺骗、篡改、否认、信息暴露或泄露、拒绝服务以及权限升级[26]。分层的皮特里网已经用于建模多种攻击[27]。攻击树无法跟踪协同攻击,多步的皮特里网局限于跟踪三个攻击者。分层的皮特里网不限攻击的数量,并且可以用于多种攻击包括窃取、干扰或通信中断,未经授权的数据访问,服务窃取和拒绝服务。分层模型以小组为单位建立,以至当地专家在各自领域映射威胁途径与结果,区域专家采取本地模式,将皮特里网映射到网络,并创建层级结构和区域层次结构,用对应点组合成单一整体的超级皮特里网。

物理状态的安全对于保持电网的稳定至关重要。从同步相量以及其他状态分析设备中收集的数据需要用来分析恶意变更造成的破坏。以安全为导向的物理状态评估体系[28]试图通过利用电网的网络组件与物理组件之间的相互关系来实现该做法。它利用 bot 病毒主机和网络入侵检测系统的警报所提供的信息进行分析。使用基于主机的入侵检测系统中的文档和内存检查信息、许可问题、无效签名，以及网络入侵检测系统的数据包不符信息来检查入侵。它创建了攻击图形模型，该模型显示了有可能被入侵者和潜在漏洞所渗透的攻击路径。

它排除了基准案例中功率流的解决方案，该方案定义了测量应如何相关，如何使用模型检测攻击以及如何计算系统被破坏的可能性。注明可能受损的域名以及确定可疑的测量结果。然后进行可疑测量，尝试估计状态，同时忽略可疑的测量结果，如果不可能，则等待下一个时间间隔来计算状态的预估值。例如：不同层级的基于临界值的数据保护与基于为传感器测量的重要子集提供最大安全保护的方案；亦如，具有三重安全性的全方位基于主体的安全平台方案（该三重安全性为：电力、自动化与控制以及网络安全）。位于电表、变电站以及中继站指挥中心的安全主体来处理协议翻译，安全补丁更新，模式识别，过程流，入侵检测，数据加密以及访问控制。他们提议使用异常检测系统，从而正常行为以外的活动才会引发警报。

三、网络安全威胁

部分研究者识别出不同类型的网络攻击，而这些网络攻击会为智能电网的运营带来潜在的威胁。例如：Ghansah I 在其报告中几乎穷尽了所有的可能性，包括窃取、流量分析、信号拦截（电磁和射频）、媒体清理、数据拦截与更改、身份欺诈、旁路控制、违反授权、物理入侵、中间人攻击、重复攻击、恶意软件、特洛伊木马、陷阱门、服务欺骗和资源耗尽。智能电网所面临的关键威胁在于黑客有可能利用功角测量单元（AMU）访问大容量电网。

大多数研究似乎主要关注四个方面：窃听、通过拦截或更改输入虚假数据、服务欺骗以及资源耗尽。某些智能电网的管理者甚至不担心恶意软件的传播（例如，病毒或特洛伊木马）或者系统被黑客远程控制的风险，他们认为防火墙或电脑系统上的其他网络保护已经足够了。然而，这些系统大多使用 HTTP 和 TCP/IP 协议，这两个系统被证明有漏洞[31]。

窃听是指外来入侵者收听或收集用于智能电网系统的数据。该攻击中，攻击者或窃听者侵入位于数据源（例如，原点传感器）与智能电网控制中心之间的传输信号。窃听者在数据编码和数据解码之间进行调解。这可能会减缓窃听者的窃听速度，但是一些恶意攻击者可以利用普通译码算法，并且通过多次试验来决定如何读取数据。

这样成功解码后可能导致下一类型的攻击:注入虚假数据。在这种攻击中,恶意入侵者拦截有效数据并向控制中心传输虚假数据。大多数控制系统决定质疑或忽略其与正常的或期待的均方差过高的数据[32]。尽管如此,攻击者可以在一段时间内分析数据,决定可接受的数值范围,以及注入控制系统将会接受的数据[33]。攻击者可以作为中间人,向用户或系统发送欺诈消息。出乎意料的是,该攻击不费吹灰之力便可导致系统运营中产生无法检测的变化。实验表明在电子电气工程师协会(IEEE300)总线系统上,它仅从 10 个不同的电表中注入虚假数据,就能导致不可检测的错误对大多数系统控制变量产生负面影响[32]。在大部分 IEEE n 总线系统中,仅需四个战略性选择的电表就可以造成此类错误[32]。

更糟糕的是,此类攻击可以从多个源头进行。单个电表会被攻击,致使其传输损坏的数据或完全停止传输。收集数据和监控特定区域配电的变电站也可能受到攻击。对变电站的攻击包括封锁来自特定源的数据,注入虚假的指令码,或篡改变电站输入或输出的功率流[2],甚至控制中心本身也不能幸免。如果入侵者能获取访问权限,SCADA 系统大量涌入虚假数据,单个变电站(或一系列变电站)的通信线路可以被破坏,指令码有可能被更改,消费者物价比率可能会改变[2]。

响应和恢复引擎[34]运用双人对抗式斯塔尔博格的随机游戏理论,伴随创建马尔科夫决策树的攻击响应树,以防止攻击并进行检测和响应。主要有三类入侵响应机制,例如,预先定义映射的查找表,既不可扩展也不灵活,基于启发式方法,入侵者和选择模型可以对其预估。他们表示引擎的状态空间足够大,使决策分析师能够创建攻击响应树,其为了响应使用多步过程,例如,决定已经攻击的区域,为攻击区域确定适当的攻击响应树,通过将响应序列坍塌到马尔科夫决策过程来创建响应(使用贝叶斯二元分类法解决不确定性),以及基于所选择的响应和系统标准来决定要采取的最佳方案。此过程在每个新型攻击中可以重复。

尽管部分安全系统可检测错误或攻击并触发警报,但其并不能适配于处理和阻止未来可能出现的攻击。但是,反馈学习入侵防御系统(FLIPS)着眼于防止未来攻击,且能提示异常的安全系统(详见参考文献[35])。异常安全系统在更新异常分类信息时,在利用先前正常数据的同时,也会调用入侵数据。与此同时,它也建议随机化指令表来防止注入码攻击以及转换键,如此,注入码便不会匹配其他的编码。此外,这一系统同样可以阻止中间人和拒绝服务的攻击。异常分类有助于识别垃圾数据的注入[垃圾数据不仅是不完美的,且会导致负样本被误判为正(假阳性)]。提出这一系统的学者建议将假阳性校准使用为攻击中的垃圾数据。他们提出三步走,即过滤——诱捕可疑活动,分类与监督——评估恶意行为且为代理人提供反馈,补救——防止未来的攻击。

结语

智能电网的网络安全需要从网络的外围和内部进行保障。标准的外围防御包括防火墙、入侵违反机制以及安全架构,而内部防御将包括完整性检查、网络监管以及日志分析。此外,有必要建立密钥交换机制以及端到端的数据加密协议。同样还需要通过为状态估计和负荷预测创建前向通道和反馈通道来建立对错误数据注入攻击(FDI)和拒绝服务式攻击的稳健性。

第四节 减轻信息物理的威胁

一个关键的未知安全问题是如何在网络—物理领域中利用漏洞,也就是说,网络漏洞会导致对物理基础设施的攻击吗?或反过来,物理漏洞会暴露对网络基础设施的攻击吗?

据预计,SCADA 系统会成为包括外国政府、恐怖分子和竞争对手在内的多个行为主体的多种攻击目标。SCADA 系统通常参与数据收集、分析、控制和视觉化。该系统将不仅仅用于电网的传统操作,还用于智能网格相关的应用,包括实现微型发电、故障自动恢复、电力市场功能(价格信号、能源贸易)以及需求响应。强大的性能将使其成为网络攻击的成熟目标。网络攻击中典型的做法将包括以下几点:(1)通过公司网络,连接 VPN 或连接远程站点获取 SCADA 网络的访问权限;(2)探测 SCADA 网络以发现电器、数据存储和漏洞,并且推断 SCADA 过程;(3)通过获取根特权,访问数据以及开始控制命令来攻击或控制 SCADA 系统。

通常信息物理的系统攻击将包括四个步骤:(1)确认网络基础设施的缺陷;(2)侵犯系统和获取特权;(3)理解并控制控制系统;(4)使用控制系统发起物理攻击。其中一个关键问题在于网格失稳的数据操纵以及拒绝服务。例如,以防通过 FDI 攻击操纵同步相量数据,网格可能会震荡甚至下降。可以操纵需求,迫使电力公司的需求响应有效地否决某些消费者电力供应[36]。

可以针对SCADA系统发起一些潜在的攻击,包括注入虚假数据、重复攻击(伪造时间戳)、拒绝服务和传感器欺骗。例如,智能电网将自动检测异常现象——如果向网格注入错误的异常现象,可能会导致员工被派往不需要的地方。更重要的是,对变电站的攻击包括使传感器数据丢失或损坏、注入虚假指令以及延迟数据传输。此类攻击会导致断路器在错误的时间启动、系统运行超限、系统中断、误报、设备损坏以及操作者和终端用户的损伤或死亡[36]。还有攻击可能会破坏现场传感器数据,导致断路器跳闸以致停电。攻击还可能包括篡改计量数据,这些数据可能造成用户的虚假表示,从而导致惩罚包括罚款和终止连接。通常情况下,变电站由控制中心进行控制,任何伪造的通信数据都可能导致系统中断、误报、错误程序、系统中断和人身伤害。

SCADA系统的很多软件是几十年前开发的,没有考虑到安全问题,致使该系统极易受软件漏洞的攻击。许多软件没有足够的认证和访问控制机制,导致黑客更易于进入。由于存在大量供应商和设备,因此难以提前测试所有的设备和软件。在过去的20年,我们在SCADA系统软件中发现更多同质性,可以更好地测试和验证软件的安全合规性。然而这种同质性有利也有弊——模糊的运作系统和设备使通用攻击更难;但是,会使专门对手的针对性攻击更简单[37]。自20世纪90年代末以来,SCADA系统的标准化受到强烈关注,导致其同质性更高,这使其成为大规模不特定攻击和探测的目标。网络同质性会诱发协调的大规模攻击,这种同质性可以破坏网络的修复力并造成电网大规模故障。

一、信息物理接口的风险

信息物理接口的风险遵循智能电网基础设施的逻辑划分,即发电、输电和配电[38]。在发电层面,风险出现在自动电压调节、调速器控制以及自动发电控制上。

(一)发电

交流电网络中携带的功率通常由有功功率和无功功率组成。有功功率用于做功,而无功功率用于保持电压稳定。通过控制无功功率的产生、吸收和流动,可以将电压维持在可接受的范围内,同时使输电损失最小化。发电机励磁控制用于控制系统吸收或注入的无功功率的数量。控制模块通过以太网与工厂进行通信,并比较发电机输出的电压和电压设定点,改变流经激励器的电流以保持稳定的电压。类似地,调速器控制用于通过改变发电机的功率输出来控制转子的频率。再次将以太网连接用于测量转速以及向调速器控制提供反馈以改变功率输出。这两种控制系统都是本地的,无须远程遥测。但是,与恶意软件相关的漏洞可以通过 U 盘或破解局域网实现本地注入。改变设定点或在输出读数上注入虚假数据可能会导致发电机不稳定。

另一个值得关注的领域是自动发生器控制,其中来自多个发电机控制的输出为改变负荷而调整。发电机的输出需要紧密匹配电网中期待的负荷,否则会经历电压暂降和峰值,这二者对电器和电子设备的操作均不利。上述匹配可以通过测量系统频率以进行估计。增加频率意味着产生而非使用了更多频率,反之,减少频率意味着更多负荷由系统而非发电机产生。自动发电机控制基于先前的协议减少多个发电机的负荷。对自动发电机控制的攻击会造成电网不稳定,从而导致巨大操作损失。因为涉及多种发电机,明显需要远程遥测来收集负荷数据并向发电机提供反馈。这就增加了网络漏洞,包括破坏计量数据收集,虚假数据注入以及拒绝服务。

(二)输电

在输电层面,有两个关键应用程序,即 VAR 补偿和状态估计。VAR 补偿使用快速设备完成,用于在高压输电线路上提供无功功率以进行阻抗匹配。如果电网的无功负荷处于高峰期,则消耗 VAR 以降低电压;如果无功负荷滞后,则开启电容器组以增加电压。现代 VAR 补偿装置是晶闸管控制的,可以自主操作。该装置网络需要相互通信以便决定操作点。网络上拒绝服务式攻击可能会导致通信不稳定,影响动态控制能力,从而导致电源质量下降或由于电压骤降和触发关键设备关机的浪涌造成的电源中断。还可能存在破坏对网络运行至关重要的设备的同步运行的计时攻击。最后,可能有数据注入的攻击发送错误运营数据,这可能会导致错误的 VAR 补偿影响同步。

为加强电网的态势感知以及保持其稳定性,需要监管电网的状态。新型智能电网将被重装以配备同步相位计。这些设备在短时间间隔内(通常每秒 30 次测量)测量电网上不同点处的电流特点。他们通常使用基于 GPS 的常见时间源,为了允许整个电网进行时间同步。时间同步所产生的数据将促进很多应用程序的应用,同时加强其他方面,例如,实时监控系统、状态估计、干扰监测、不稳定性预测、广域保护和控制。由同步相量生成的数据特征使其特别容易受到网络攻击。它们在维护、控制以及发电和配电中发挥着关键作用,使其成为恶意行为者破坏电网的有吸引力的目标。同步相量数据在不同的地理位置收集,通常使用公共互联网路由到中央位置的数据集中器,这使它容易受到包括FDI攻击、通信中断和篡改分析在内的多种攻击。其中一项攻击基于数据分析,黑客可以访问部分数据,并且分析这些数据来预测电网的行为,然后使用该信息攻击电网。可以保护数据的方法包括数据混淆、匿名化和加密。

(三)配电

配电系统将低电压电力通过配电线路传输给用户。该系统将拥有内置智能的应用程序。首先,最明显的应用程序是AMI和数据记录器(DR)。AMI将允许提高可靠性,纳入微能源的可再生整合,并为用户端到电器层面的使用情况提供可见性。智能电表内置负荷控制开关可使公用事业公司实现负荷控制,以便在高峰期关闭电器从而更好地平衡负荷。智能电表在个人消费者层面存在较强的脆弱性,如果黑客破坏智能电表的安全性,他们就可以随意停用或启用服务。其次,主要应用程序是计费应用程序,智能电表将读取使用数据,验证该数据并创建电费。此外,电表将用于创建和终止服务以及对于未支付会费限制服务。

配电层面上的第二个关键应用程序是电网的自愈元件,自动重合开关用于清除瞬时故障。不能自动更正的故障可以由配电网络中的传感器检测。数据注入攻击可以用于显示虚假攻击,这将导致非生产性的资源配置。同时,网络上的拒绝服务可以防止组员到达实际中断的场址。

二、减轻信息物理的威胁

智能电网的根本问题是其地理范围上覆盖广阔的区域,有几个软目标容易受到攻击。物理上防御整个电网比较困难,因此,第一个关键问题是保障基础设施的修复能力,这是重要的减轻策略,包括自我恢复、配电和通信的冗余、通信的产能过剩、电力管道、物理电源硬件。第二个关键问题是确保关键控制系统具有警报系统,以便在设备处于危险水平时能快速提供警报。第三个问题是我们需要具体分析不同算法来部署操纵检测算法,从而尽量减少数据中毒的影响。完美的安全性是无法实现的;但是,目标就是最大限度地降低风险,以便可以快速检测恶意活动,避免发生灾难性情况,并且可以迅速恢复。我们建议采用风险分析方法来了解智能电网所面临的高层次攻击并减少其面临的威胁。信息物理威胁需要创建详细的攻击树来理解电网中的信息物理交互。

结语

信息物理威胁将对智能电网产生巨大威胁。电网在各个层面都有风险,包括发电、输电、配电以及家庭网络层面。根据攻击向量以及发起地点的不同,破坏范围在轻微到灾难性之间。电网中增加的同质性以及连通性为发起大型攻击提供坚实基础,该攻击将对电网操作具有严重影响,包括大规模停电。我们的政策必须是快速检测和遏制,以防止零日漏洞攻击。对于一般的网络攻击,我们需要在电网中提升冗余和弹性来防止灾难性故障。

第五节 减轻智能电表的威胁

一、电表基础设施的威胁与漏洞

作为智能电网基础设施的关键组件,智能电表容纳了最具价值的数据(例如,电表读数)以改善电网的性能和改变电力消费者的生活。譬如,需要电表读数来支持很多智能电网的应用程序和服务,包括自动抄表、计费、动态定价、检测紧急停电和能量窃取,这可以为公用事业公司和电力消费者带来更大的便利。然而,智能电表所采集的大量数据应谨慎保护以防滥用。理想的情况是,将安全机制整合到智能电表基础设施的设计和安装中,从而增加系统的稳健性和弹性并获取电力消费者的信任。

Skopik 等人[39]从三个层次详细分析了智能电表基础设施的安全威胁和漏洞:智能电表、公用事业公司以及网络应用。第一层智能电表的漏洞归为对智能电表(设备)自身的攻击,例如,操纵硬件和固件、利用智能电表设计和实现中的局限性。与该攻击对应的对抗措施和防御机制包括认证和强大的通信加密、保护关键管理、保护硬件以及保护源代码的开发。第二层漏洞出现在公用事业公司,它遭受潜在的攻击,例如,近我区域网络(NAN)嗅探、自主或国外电表仿真、大规模电表接管和集中器节点的攻击。安全的系统设计、安全的操作和安全的服务发展可以用来解决公用事业公司的这种安全问题[3]。最后一层,网络应用程序漏洞可以被攻击者利用,危及智能计量数据管理和增值服务(例如,自动计费)的安全性以及智能电网的隐私保护[40]。

智能电网中,AMI 在智能电表和公用事业公司之间提供双向通信,并允许电力服务提供商和消费者实行远程监控和监测。Rahman 等人[41]调查了该基础设施中的非侵入式威胁和和漏洞,例如,缺乏身份验证、篡改从属电表数据、从属电表未经授权即断开连接、不安全的协议实施以及硬件更新漏洞。具体而言,非恶意威胁包括可达性、完整性威胁和可用性威胁(例如,电表和采集器之间数据传输的调度不当会导致采集器端缓冲区溢出和数据损失)。恶意威胁可以是针对 AMI(信号交替反转)的典型网络威胁,例如,拒绝服务式攻击(DoS 攻击)、链路泛滥和无线链路干扰;例如,大量被渗透采集器可以向头端发起分布式 DoS 攻击。在该方案中,无法解决被渗透采集器的网络威胁。相互依赖的硬件配置的异构性(每个操作与各种安全参数一起)将导致恶意攻击和非恶意攻击[41]。Rahman 等人提出 AMI 自动安全分析工具的检测方法——智能分析器。其提供如下功能[41]:

- 可扩展的全局模型抽象能够代表数百万 AMI 设备配置。
- 将各种不变和用户驱动的约束正式模拟及解码成可满足性模块理论(SMT)逻辑。
- 使用 SMT 解算器验证 AMI 配置约束的满意度[26,30]。
- 通过验证结果,识别违反约束条件的潜在安全威胁以及为安全加固提供补救方案。

通过 AMI,电表数据不再通过人工读取,反之,其将通过数字读取。在地点间传送的电子使用率将给恶意攻击者和能量窃取留下漏洞和安全缺陷。Xiao 等人[42]基于服务数据操纵的时间和地点确认了三类攻击:(1)数据被记录时;(2)数据在电表中静止时;(3)数据通过网络流动时。通过在能量提供端安装冗余的电表,他们讨论了能够解决这类攻击的方法。然而,上述解决方案是不切实际的,因为所有最终用户均需要大量“检测”电表(每个用户需要一个)。或者,Xiao 等人[42]提出一个模型,其中 N 个终端用户的电表由“总探测器”检测。总探测器利用一系列算法根据自适应树的检查方案来收集启发式使用信息。可以调整针对异常读数的检查策略,从而精确找到发生故障或安全受损的电表。该策略可有效解决上述提及的三类攻击,同时相较于直接检测每个电表,该策略可以保持低成本。

二、智能电表的安全漏洞

类似于其他安全情况,Gering[43]讨论了智能电表的机密性、完整性和可用性。具体而言,“机密性”确保敏感数据不会泄露给未经授权的人员和系统并且信息披露应该受到限制。“完整性”确保行为可以追溯到发起者,这有助于防止欺诈。“可用性”确保在需要时能获得并使用数据、指令和通信。例如,为了保证每一个性能,Gering[43]指出可以使用加密技术来确保以下技术的机密性,例如,三重数据加密算法、高级加密标准、椭圆曲线密码学和RSA公钥密码术。

违反不同方面的安全性问题示例如下:

- 为了侵入智能电表,David Baker(总部位于西雅图的研究公司IOActive的服务总监)描述了可能通过智能电表无线网络设备的一种方式。软件无线电可以用来仿真各种通信设备,监听与网络的无线通信,并推断如何随着时间的推移与电表进行通信。除此之外,他也讨论了另一种方法——袭击硬件。攻击者可以从户外偷取电表并进行逆向设计。但是,该方法需要熟知重新设计电表的完整线路,价格高昂[8]。
- 专门从事无线感应网络的独立安全研究员,Goodspeed(独立安全研究员)讲述了有关智能电表攻击的另一个故事[8]。如果电表在物理层面不是由严格的安全特征构建,攻击者则可以向设备内存芯片的每端植入针头。实际上是探测,从而拦截内存芯片的电信号。
- 除了不可避免的智能电表攻击活动之外,大量网络病毒或蠕虫也可以攻击实用程序。这种情况下,实用程序可以实施颗粒状安全架构来保护其智能电表系统[44]。独特标准化的硬件和软件安全应该嵌入网络节点和设备。该安全模块能有助于防止设备渗透攻击(以蠕虫或病毒的形式)扩散到整个网络。嵌入的设备安全性确保在传播或造成更大损害之前能迅速确认或隔离受攻击或受损坏的设备。除此之外,公用事业公司应尽其所能并且将智能电网/电表上数百万美元的安全投资用于其他环境中的最新安全技术。

第六节　减轻数据操作的威胁

一、引言

关键基础设施的网络安全,尤其是智能电网获得重大研究兴趣[45-47,30,43,48]。在现代智能电网上,整体实施超级可视控制和SCADA系统的硬件和软件组件,以此监督、控制、优化和管理发电和输电。SCADA系统集成新型组件(例如,智能电表)、网络、传感器(例如,相量测量单元或PMU)以及控制设备。更明智的是,通过组件紧密相连,未来智能电网基础设施将容纳可再生能源、电动汽车负荷和存储以及其他元素[50]。然而,在智能电网新特征带来便利的同时,可能会出现新的漏洞。迄今为止,黑客开始通过互联网[51]渗透美国电网的控制网络和管理设备。2010年8月,计算机蠕虫侵入SCADA系统,感染数千台电脑并试图破坏关键基础设施[52]。

SCADA系统是开展电网控制和监测活动的中央控制中心,其获取和存储各种实时电表测量,包括总线电压、总线有功和无功功率注入以及电网每个子系统中的分支无功功率流。状态估计在SCADA系统[14,53]基于控制和监测的能源管理中扮演着重要角色,它通过分析系统参数、功率计和电压传感器等数据来最优估计电网的状态。具体来讲,该功能通过使用电网的电表测量数据来估计未知的系统变量。状态估计的结果用来维持系统的正常状态,从而优化功率流,如提高发电机的电量;平衡供应和需求负荷以及确保诸如检测系统故障的可靠操作[54]。

恶意攻击者可能会更改传送到控制中心的数据(例如,电表读数)。因此,违反数据完整性会对整个智能电网系统构成巨大威胁,因为系统状态估计建立的能源管理决定可能会因为FDI攻击这种恶意行为而出现极大偏差。实质上,FDI攻击会恶意修改智能电网中产生的数据(传输并存储在SCADA系统中),并可能引发如下两种负面影响[36]:

- 如果将数据修改为无法在状态估计中检测出错误,系统可观察到的状态将会是错误的,而且可能导致电网运营商作出使系统出现安全隐患的行为。
- 恶意意图可能无法隐藏攻击。即使检测到攻击,部分系统可能变得不可观察,这意味着状态估计器不能估计电压幅值和电压的状态值,并且输电网将容易受到本地的物理攻击。当物理攻击的后果传播到可以观察到状态的其他部分系统时,可能已经太迟以至于无法避免大部分系统的中断。

数据处理威胁和FDI攻击会明显或隐含地导致重大错误,因为它会损害状态估计中的电表读数(使用功率表电压传感器的数据和系统参数[50]对电力系统状态进行最优估计)或其他智能电网组件。粗略地讲,FDI攻击可以分为以下两类[54]。

- 可观察/非隐形攻击：简单的虚假数据的完整性检测算法可以轻松检测到该类攻击，因为只有电表测量数据被更改过。受损数据和物理信息之间的差异可以被控制中心用来检测和报告此类攻击。
- 不可观察/隐形攻击（受损的电表读数与物理功率流约束一致）将骗过许多错误数据的完整性检测算法。

在本章中，我们总结了智能电网中 FDI 攻击中潜在的数据操作威胁（特别是不可观察的攻击）。提出了最先进的防御机制或对策来检测和处理威胁以及系统漏洞。

二、解决状态估计中数据完整性的破坏

近来，损坏控制中心的计量表和引入恶意计量已被视为攻击者的攻击手段[55]。例如，在线视频教程向人们展示如何操作电表来削减电费（https://www.youtube.com/watch? v=wa13_l-qjBE）。按照相同的说明，攻击者有可能在智能电网控制中心入侵电表并注入不良测量数据。如果状态估计的结果被这种注入不良测量数据的攻击者篡改，则可能发生大面积区域停电的严重事件。

一些研究人员开发了可识别和处理恶意测量注入的技术[56,57]，其中大部分技术都是针对任意、相互作用或相关联的恶意测量。最近，学者们对智能电网面临的新型威胁进行了研究。例如，Liu 等人[32,55]发现，如果攻击者知道电力系统的配置等先验知识，那么恶意测量可能会绕过针对可观察的攻击而常用的常规检测和识别技术。可观察的恶意测量攻击很容易被发现，因为"可观察的测量与估计测量之间的差异变得显著"[56]。Liu 等人[32,55]研究了一类新的状态估计威胁，即 FDI 攻击，假设对手可以从攻击者角度利用电网配置进行攻击。研究表明，攻击者可以注入恶意测量，绕过可观察攻击的不良测量检测并专注于两种实际攻击方案：

1. 攻击者访问某些特定电表时受到限制。

2. 攻击者在损害电表所需的资源方面受到限制。具体而言，在参考文献[32,55]中考虑两个攻击目标，即随机 FDI 攻击（向状态估计结果注入随机误差）和目标 FDI 攻击（向状态估计结果注入任意误差）。

请注意，在上述工作中，假定攻击者知道目标电网配置，并且在用于状态估计之前，可能会将这些电表作为内部人员或之前的内部人员进行操作。虽然这些方案提出了强烈要求，但电气工程师和安全人员也应该意识到将

导致灾难性影响的威胁。

Rahman 和 Mohsenian-Rad[58] 没有假设对手拥有电网拓扑结构和传输线导纳[32,55] 方面的完整知识，而是调查了一种更实际的情况，即攻击者在电力网络拓扑结构和传输线导纳方面信息有限。他们透露，只有攻击智能电网的信息不完整时才有可能损害状态估计。在参考文献[58]中引入了更现实的 FDI 攻击，其中各种电网参数和属性（如断路器开关和变压器分接头变换器的位置）对于潜在攻击者而言都是未知的，并且攻击者访问大部分电网设施也会受到限制。尽管攻击者拥有的信息不完整，但是为了误导运行和控制中心而损害多个电网传感器和 PMU 的读数被认为是对智能电网的主要威胁[58]。此外，在参考文献[58]中引入了两类 FDI 攻击，其中包括完美的攻击（在至少一次切割网格拓扑上，攻击者完全掌握所有线路的导纳）以及不完美的攻击（无法获取上述信息）。Rahman 和 Mohsenian-Rad 还表明，有可能为未知导纳构建概率分布函数来设计不完美的攻击，并用新型脆弱性度量来模拟结果。

针对不可观察的攻击，Kosut 等人[16,59] 根据攻击者是否控制了足够的电表来实施不可观察的攻击，区分了两个恶意的不可观察的数据攻击出现的主要制度。他们发现两个制度对引起状态估计错误有着完全不同的行为[16]。

1. 强力攻击制度：攻击者能够访问足够量的电表来实施不可观察的攻击。控制中心无法检测攻击，甚至不存在测量误差。

2. 微弱攻击制度：攻击者无法访问足够量的电表；可以检测攻击，但是由于测量误差，效果并不完美。

Kosut 等人研究了这些行为并在参考文献[16,59]中展示了这两种制度的结果。另外，从攻击者的角度来看，Kosut 等人[59] 调查了电力系统面对不可观察的攻击时有多么脆弱。更具体地说，他们研究了形成不可观察的攻击所需的最小数量的受损电表，并提出了一种有效的算法，以基于观察性的纯拓扑条件来寻找触发此类攻击所需的小组电表（图论方法）。他们还分析了制度中最严重的恶意数据攻击，即攻击者无法执行不可观察的攻击。在参考文献[16]中，从攻击者角度研究的另一个相关问题是实现控制中心估计误差最大化与检测概率最小化之间的权衡。除了参考文献[59]提出的图论方法外，参考文献[16]提出了微弱攻击制度的检测机制和对策。具体而言，由于攻击者可以选择攻击网络的位置并设计任意注入的数据，因此假设检验不能用于阐述恶意数据检测问题。相反，提出了基于广义似然比检验的探测器,且在实践中表现良好。如果探测器具有足够的数据样本,则性能趋近最佳。但是,探测器需要解决组合优化问题;因此,如果受损电表数量过多,则会由于效率问题而难以运行探测器。为了解决该问题,研究了另一种探测器,其利用了基于 L1 范数最小化的凸优化问题的凸正则化形式。

Giani 等人[50]针对智能电网状态估计——不可观察的低稀疏性网络攻击,解决了另一个特定的不可观察的攻击问题,这些攻击协调需要少量(≤5)电表。由于在控制中心大量电表的网络攻击往往不太可能(因为不可观察的攻击需要地域分离的攻击点在时间上高度协调),他们提出了有效的算法来查找所有不可观察的攻击,涉及损害两个功率注入表和线路上任意数量的功率表。该算法对于具有 n 条总线和 m 条线路电表的电力系统需要 O(n2m)触发器。如果测量了所有线路,则会发现存在针对标准形式表明电表 3、4 和 5 少量且难以察觉的攻击。使用标准图形算法可以快速检测到 O(n2)触发器。已知安全的 PMU 可以反制对网络攻击的任意收集。

某些情况下,同步攻击可能发生在电网的多种电表上以损害状态估计。为了正式制定这类数据注入攻击问题,Kim 和 Poor[60]通过考虑攻击者在测量和有限资源上所面临的约束,在优化框架下提出了构建攻击向量的统一公式。针对操纵系统状态估计器的攻击提供线性化测量模型。他们认为,该方法明显优于之前的做法。

三、解决其他数据操作威胁

(一)拓扑结构

作为智能电网运作的重要输入,拓扑结构包括状态估计、实时定价以及实时[33]。攻击者可以通过扰乱智能电网的拓扑信息来部分操纵电网运作。尽管拓扑信息包含电网状态估计的数据,拓扑攻击的行为和目标与之前对状态估计开展的 FDI 攻击相比可能有所不同。举例来讲,攻击者可能将相连的线路伪装成断开或反之,以至于控制中心在故障分析、优化调度以及负荷削减方面作出不当决策[33]。并且,由于拓扑信息可用于计算实时节点的边际电价,对手可能会修改拓扑估计以实现其盈利最大化。因此,除了状态估计之外,智能电网的拓扑结构容易遭受恶意数据注入攻击。

Kim 和 Long[33]关注应用于智能电网拓扑结构的中间人攻击,其中攻击者拦截网络数据(例如,断路器和开关状态)以及来自远程终端单元的电表数据,部分修改该数据并将恶意修改的数据转发给控制中心。与“可观察到的攻击”相似,如果网络数据和电表数据在攻击中不是完全被改变,装有不良数据测试的现代电力系统可能会发现这种不一致性。因此,攻击者被认为通过使用有关系统状态的已知全局信息来修改网络和电表数据(与“目标”拓扑一致),从而成功绕过了不良数据测试。与状态估计攻击相似,参考文献[33]中给出了无法察觉的攻击的可行性条件以及低检测概率。

(二)负荷

攻击者可能会对智能电网中电力的产生、输送/控制以及消耗过程发起网络攻击。损害状态估计(如上综述)的确会造成对电力分配和控制的攻击。Mohsenian-Rad 和 Leon-Garcia[9] 调查了消耗部门的一种典型数据操纵威胁——负荷有可能会被攻击者修改。具体而言,随着需求侧管理的发展以及信息科技逐渐整合到消耗侧,通过互联网以及侵入代理商的分布软件改变特定电网位置的负荷已经被确认为一种新型的网络入侵。这种数据操纵威胁可能会在电网最重要的位置突然增加负荷,然后造成溢流电路或发生故障使电网立即崩溃,或者对输电和用户设备造成巨大伤害。

尤其是,该攻击被称为“基于互联网的负荷变更攻击”,在参考文献[61]中定义如下:基于互联网的负荷变更攻击是企图控制或改变(通常是增加)可以通过互联网访问的特定负荷类型,从而通过溢流电路或者破坏电力供需的平衡来损害电网。注意到有三种负荷类型可以通过电网访问并且成为负荷变更攻击的目标[61]:

1. 数据中心和计算负荷:数据中心的电力负荷具有高度弹性且依赖于数据中心的计算负荷。相较于计算机服务器的闲暇状态,数据中心的能量消耗在计算机服务器繁忙时会翻倍。因此,数据中心成为基于互联网的负荷变更攻击的合适目标。

2. 直接负荷控制:采取基于互联网的负荷变更攻击时,攻击者可通过损害直接负荷控制信号来操作居民和工业负荷,这些负荷本来是由直接负荷控制程序(最普遍的需求侧管理程序之一,用于需求峰值最小化,改善系统操作,或者最大化服务质量)进行控制的。

3. 间接负荷控制:智能电网中,间接需求控制允许顾客独立控制其负荷,价格信号由设施发送,例如互联网。考虑到价格信息并基于每个家用电器的能量消耗,可以作出决策,使能源成本最小化,设备运行完成的时间最小化,或者在成本和时间之间实现完美的平衡。因为价格信息是从互联网获得的,负荷变更攻击可以向自动住宅负荷控制注入虚假价格的数据。改变成千上万个用户的能量消耗程序会造成负荷曲线的主要变化。

本质上，Mohsenian-Rad 和 Leon-Garcia[61] 概述了一些抵御机制，有利于阻碍基于互联网的负荷变更攻击或者减轻此类攻击所造成的伤害。这些抵御机制可以保护直接和间接负荷控制中的命令和价格信号，也可以削减负荷，探测攻击，保护智能电表以及重新定位负荷。为了降低抵御机制的应用成本，作者提出了一种具有成本效益的负荷保护策略，从而使负荷保护的成本最小化，同时能防止电网超载。

结语

总而言之，智能电网基础设施的大部分数据密集型组件中都可能存在数据操纵威胁。如何检测 FDI 攻击（可观察的和不可观察的），并且根除或减轻智能电网的脆弱性已经吸引了大家对智能电网研究的浓厚兴趣。作为智能电网基础设施的首要数据操纵威胁，FDI 攻击意图通过窃取多种传感器和 PMU 读数来误导智能电网的决策。可以对生成、发送、接收和存储数据的智能电网组件和设备执行 FDI 攻击。譬如，状态估计需要电表中接受的数据分析；因此，从电表中收集的数据将成为 FDI 攻击的潜在目标，容易遭受数据操纵威胁。

本章中，我们根据数据操控威胁和攻击的目标阐述了其行为和特征，例如，状态估计[16,59]、拓扑信息[33]以及能源消耗端[61]的负荷，并且简要介绍了文献中所提及的抵御机制和防御措施。

第七节　减轻隐私威胁

一、引言

如今，大量数据或信息均由商业公司、机构或政府采集并用于分析，从而促进很多行业服务与应用程序的发展。实践中，为了运行对应的服务和应用程序或者获得更加全面准确的知识，数据持有者通常需要将数据分享给其他方。然而，公开分享数据将使个人或机构招致巨大隐私风险。最近发生了一些隐私泄露的严重案件。例如，2006 年 AOL 公司出于研究目的公布了其顾客 3 个月以来网络搜索的历史记录。尽管公布数据之前，已经清除了个人账号，但是攻击者仍然能通过搜索信息确认很多 AOL 用户的身份，然后用户的很多隐私信息和个人行为就被公之于众。同样在 2006 年，网飞公司公布了顾客的电影评级信息，以适应预测用户电影评级的最佳协同过滤算法的公开竞争。2007 年，得克萨斯大学的两名研究人员通过将数据集链接到其他来源（如互联网电影数据库），从网飞公司的电影评级数据中识别出个人用户。

此类案例几乎到处存在，例如，医保系统、基于定位的服务以及 DNA 应用程序。智能电网面临着与上述案例相似的隐私威胁。具体而言，让现代电网系统智能化需要多方之间的信息披露，其中很多通常是不可信的。例如，公用事业需要监管用电量和负荷并决定电费；用电咨询公司需要访问计量信息以促进节能和提高节能意识；营销人员访问顾客资料以便精准制作广告；执法人员获取智能电网数据进行刑事调查[37]。所有这些数据访问都可能产生消费者在智能电网系统中的隐私数据。准确来讲，公用事业公司通常从用户那里收集详细的用电量（可能是设备层面），从用电量的多寡可以得知住宅的个人行为[41,23]。

一方面，消费者希望用智能电网的应用程序来节约能源和金钱。但是，另一方面，他们担心隐私信息泄露，因为智能监控设备通过智能计量服务每隔 15 分钟便将他们实时使用情况传送给公用事业公司[37]。除了被陌生人了解个人行为模式之外，计量信息泄露可能使消费者更容易遭受广告、小偷甚至是抢劫犯的侵犯（例如，犯罪分子可以判定行窃的最佳时间以及可窃取的高价电器[37]）。2010 年，埃森哲咨询公司发布的报告表明，来自 17 个国家的 9000 多名用户表示如果公用事业公司可以轻易获得用户个人消费信息的话，他们则不便使用智能电网（例如，智能计量）所提供的能量管理程序[37]。因此，理想的情况是，在不损害用户个人隐私和机构专有资料的前提下设计智能电网服务和应用程序。本章中，我们将通过隐私威胁、隐私法以及与智能电网相关的最先进的方案来调查智能电网基础设施中的隐私问题。

二、智能电网基础设施中的隐私威胁

个人身份信息（PII）是指可以单独使用或与其他信息一起使用来识别或定位个人的信息。个人身份信息可以是某个人的姓名、联系方式、生物信息、个人喜好、交易记录、活动或者任何从来自以上的信息[62]。智能电网[47,62]背景下，在用户端，将任何个人信息与能源消耗情况连接都可以用来识别个人身份。很多用户活动和终端用户组件可能会泄露个人信息给公用事业公司或其他不可信的各方，例如，智能电表、智能家电、动态定价、负荷管理以及用户访问能源相关的信息[62]。举例来讲，智能家电经常与电网通信以共享能源使用的实时情况和家电的状态；动态定价向用户提供现有的和将来的定价信息并允许它们在不同的时间点（例如，分时计价，峰荷定价，实时定价）修改需求——喜好和响应可以表明个人行为并有助于识别用户。

Rebecca Herold 是 Cutter Consortium 商业技术战略部的高级顾问、实践与隐私学的教授，她在美国国家标准技术研究所的智能电网隐私团队报告中讨论了数据隐私问题[63]。有关个人身份信息的隐私问题总结如下：

- 身份盗用：个人身份信息组合可能被滥用以冒充公用事业公司或用户，从而导致潜在的严重威胁。攻击者自我伪装，来伪造负面信用报告，使用欺诈性的实用程序，以及其他损害消费者的行为。
- 判定个人行为模式：详细计量数据中的能源消耗资料或模式直接或间接地披露了具体次数和不同地点的用电位置。而且，可以从该数据推断出活动和家电的类型。
- 判定使用的具体家电：如果攻击者可以获得详细的消耗数据，就可以轻易推断出在特定时间使用的家电[40]。
- 进行实时监控：公用事业公司收集详细计量数据用于能源管理和增值服务的发展。如果时间间隔变得更短，数据收集可以视为潜在攻击者的实时监控。
- 通过残留数据显示活动：不同家电的电源状态可以显示该信息。
- 住宅入侵：详细计量数据可以显示家庭的生活习惯。攻击者可以轻易将某个房屋视为目标，并了解主人何时不在家，然后可能破门而入。
- 意外入侵：与住宅入侵类似，犯罪分子可能毫无目标地闯入房屋，但是能了解不同家庭的生活习惯。
- 活动审查：详细计量数据可以显示住宅活动。此信息可能与当地政府、执法部门或大众媒体共享。然后，居民可能有被骚扰的风险。
- 基于不准确数据的决定和行为：因为在不同地点存储、收集和分析计量数据，个人身份信息可能会被不恰当地修改。
- 当与其他公用事业公司的数据一起使用时，会显示活动内容。

三、与智能电网相关的隐私法

在很多司法辖区，规制个人信息的隐私法主要围绕个人隐私权和隐私合理期待来展开。譬如,美国颁布了《健康保险流通与责任法案》《金融服务现代化法案》《家庭教育权和隐私权法案》等。在个人隐私受到侵犯的情况下,违法者可能会被起诉。网飞公司的隐私泄露案件之后,4 名用户对其提起集体诉讼,声称网飞公司公布数据集(出于研究和竞争目的)的行为违反了美国的《公平交易法》和《视频隐私保护法案》。本节中,我们将介绍一些现行的有关智能电网的联邦隐私法。

(一)智能电表和《第四修正案》[64,65]

实际上,执法部门可能需要调查房屋内的犯罪行为。他们可以使用智能电表数据来追踪日常行为和活动。然后,执法部门在获取该类数据上没有限制。通过建立调查过程中个人隐私权的保护机制,颁布《第四修正案》来限制对智能电表数据的访问或者为获得该类信息设置规则。它保证"人们所拥有其自身、房屋、文件和财物的安全权利不可侵犯,不得进行不合理的搜查和扣押"[64]。根据《第四修正案》的现代理念,当个人对隐私具有合理期待时,执法人员可能无法在未经同意情况下获得智能电表数据的系统。但是,因为智能电表是尚未经过司法检测的新兴技术,很难根据《第四修正案》来主张处理它的确定性[64]。

(二)《电子通信隐私法》[64]

《电子通信隐私法》于 1986 年制定,以解决有线、口头与通信上的拦截问题[64]。《电子通信隐私法》通常禁止侦听电子通信,但是允许政府采取特定机制进行监督(如果当事人已经同意侦听)。智能电网中,通过智能电网传输用户的详细能源消耗信息属于《电子通信隐私法》下的电子通信。公用事业公司将与所有用户沟通并通过网络持续接收他们的信息(假设用户已经同意)。如果公用事业公司同意执法部门侦听电子通信,监督行为将不会违反《电子通信隐私法》。注意到在某些类型的刑事案件中,法庭命令可以在未经同意的情况下授权智能电网的电子监视。

(三)《存储通信法案》

《存储通信法案》(为《电子通信隐私法》第二章)于 1986 年制定,其规定了对所存储的有线、电子通信记录及交易记录的访问[64]。该法案禁止未经授权的人员访问提供电子通信服务的设备。该法案也限制电子通信服务提供商泄露自身所承载或维护的信息。《存储通信法案》为执法机构提供了特殊的机制以获取存储的通信内容。保护和泄露的限制适用于智能电网(例如,计量数据),因为《存储通信法案》颁布后可能会部署智能电表网络。

（四）1974 年《个人隐私法》[64]

智能电表的能源消耗情况受到《个人隐私法》的保护。换句话说，《个人隐私法》保护智能电表数据，并且表明此类时间序列的信息是可以识别个人身份的：作为个体信息的组合，智能电表的数据通常存储和链接在用户的账号中（可能包含姓名、社保账号、信用卡信息或者其他个人身份信息）[64]。

四、将隐私保护嵌入智能电网的设计和实施中

电网系统形成“智能”，例如，实施高效的能源分配、灵活的负荷管理和动态定价模型都需要收集和分析智能电网中的大量数据。因此，个人身份信息可能会被智能电网中不信任或不完全信任的对方泄露。迄今为止，主要的隐私泄露威胁是由基础设施中智能电表的详细读数造成的，需要这些读数来监管公用事业公司、用户和其他团体的电网状态。意识到智能电网基础设施中的隐私问题之后，现代智能电网服务开始讲隐私保护方案融入设计和实施中[66]。本节中，我们概述了为智能电网设计的隐私保护措施。

（一）计量数据的保护

智能电网用户担心他们的个人信息（例如，生活习惯）可能会因为频繁收集计量数据而被泄露给其他方。关于计量数据保护的研究问题是如何在技术上匿名处理详细的电表数据，并且对网络运营、收费应用程序和其他服务不会造成负面影响。增加电表读数的时间间隔可以解决针对特定消费情况下的计量数据的归属问题。然而，此种方式下的限制数据泄露对于许多智能电网服务来说是不可行的。相反，以下技术被证实可以有效地保护智能计量数据[66]：

- 将计量数据匿名化：将技术数据（例如，电表读数）与用户 ID 分开。因此，整体的电表读数甚至详细的能源消耗情况不会与个体产生直接联系。为此，第三方身份担保公司应该参与其中[67]。

具体而言，公用事业公司收集链接到唯一 ID 而非用户的智能电表读数。在参考文献[67]中，读数分为两类：(1)出于计费目的的低频读数（一周或一个月进行一次读数，这不构成隐私）；(2)高频读数（读数间隔小于 1 分钟）。请注意，高频读数对于维护基础设施和系统是必需的，而且不一定会链接到真实的用户。低频读数将会发送给公用事业公司和计费公司，高频读数应在下一个变电站进行加工处理（例如，用于负荷管理），但不会存储在公用事业端。参考文献[67]提出了将两种读数分开的框架，这样基本的计费服务

不受影响,匿名的计量信息仍然可以用于技术维护而不会损害隐私[66]。

● 混淆计量数据:使用本地缓冲区(例如,电池)来屏蔽自身的能耗记录。例如,对于一辆电动车,无法从混淆的数据推断出不同时间点单个设备的能量消耗,而总体消耗保持不变。

混淆计量数据的基本原理是在本地安装带有可充电电池的智能电源路由器,个人设备的使用可因此被混淆。家庭负荷峰值会变得平滑和模糊[68]。智能电源管理算法用于混淆家庭的实际电量消耗。Varodayan 和 Khisti[69]初步证明,整合可充电电池并在非周期性间隔中加载/放电可以极大地减少家庭设备状态的信息泄露。请注意,使用可充电电池并不意味着负荷峰值和能耗资料可以完全隐藏,但是可以极大地限制从计量数据推断用户身份。

与此相同,Wang 等人[6]提出一种协议,使各个电表能够以预定频率的形式报告真实的能耗读数。随机响应模型也会混淆计量数据,从而防止对个体家庭用电模式的推断。

● 聚合计量数据以保护隐私:在线聚合地域相同用户的数据。例如,公用事业公司可以获得聚合的计量信息而非单个家庭的信息。

● 智能电表数据聚合[70]原本是为了减少海量信息并为了特定用途提供聚合的(计量)信息。事实上,聚合计量数据也可以降低泄露家庭能耗信息的风险,并已经实现两种类型的聚合。

(1)空间聚合:计量信息根据地理位置聚合,将较大网格段的总计电表读数传输给诸如智能电网控制中心的数据接收器,而非单个家庭的电表读数。

(2)时间聚合:在较长时间间隔内将特定电表的单个读数聚合,该读数是收集于单个智能电表(例如,一个家庭)。正如先前讨论的那样,时间上聚合的计量数据的实用性有限(例如,只能用于计费)。

聚合信息能够有效地保护隐私,但是在实用性上会产生新的问题。Skopik 在聚合计量数据以及保护隐私方面提出了一些可能会存在的问题。譬如,就空间和时间上聚合数据来讲,依赖于高频读数信息的智能电网服务会很难运行(例如,动态负荷管理、负荷预测以及能量反馈[66])。而且,没有详细的能耗信息,则难以检测错误读数或能量窃取。最终,数据从家庭发送出去之前应该加密以防止窃取,执行聚合操作的另一端(例如,变电站)可能需要解密。实施具有限制信息泄露功能的智能电表服务或应用程序需要付出巨大的努力。

请注意，在任何保护隐私的技术上都需要权衡隐私保护和实用性，包括智能电网/计量[40]。Sankar 等人[40]提出了利用隐私保护—实用性权衡来量化智能电表数据所要求的隐私保护和实用性。他们尝试通过自己的方法尽可能地从用户的个人身份信息中解耦显示的电表数据，这会使数据失真，从而使数据中的间歇性活动最大限度地减少。隐私保护和实用性之间的权衡基于率失真理论得到量化。利用干扰感知反注水解决方案，可以在总负荷上实现隐私保护—实用性的权衡，考虑到存在高功率但较少私有的设备光谱作为隐形噪声，并滤除具有失真阈值的低功率设备。

（二）保护隐私的应用程序

除了上述具有有限泄露的技术解决方案之外，密码原语已经被广泛用来为智能电网的很多应用程序构建有效的隐私保护协议[46,71]，并能保障相对的效率。接下来，我们将为智能电网中这类保护隐私的应用程序介绍一些典型的案例。

Lin 和 Fang[72]观察到能源使用的汇总数据可为智能计量辅助的可持续能源系统（例如，家庭用电、水、天然气、智能车辆等）带来智能，并提出两种保护隐私的方案，从而在保护用户隐私的同时安全收集汇总的数据。两种保护隐私的方案是基于计量读数的汇总数据信息的动态分析应用程序：

（1）该方案可以提取汇总的数据信息。例如，该方案使聚合器能够从提交的个别反映中提取累计信息并且可以私下回答统计问题，例如，“室温25℃时总能耗是多少？”[72]（2）在不同因素之间为智能系统设计提取相关信息。例如，方案能有效回答多因素结合的问题，“当年收入高于 10 万美元并且室温是 25℃时，多少百分比的用户平均消耗多少能量？”该方案也可以用作基础推理和关联规则挖掘的基础工具。该系统同样提供一种机制，用于验证用户反映正确性，这可以从计量信息中推导出来。此项协议是基于密钥分布协议（Diffie-Hellman 基于密钥交换协议）制定的。

随着智能电网的快速发展，车辆到电网（V2G）成为智能电网的重要组成部分，应定期收集或持续监控电动车的充电状态，从而执行有效的功率调度[73,74]。电动车通常与作为电网运营商或机构的默认兴趣组相关联。在 V2G 网络中，在智能电网系统中提供服务时可能会产生隐私问题。Yang 等人[74]研究了电动车主身份和位置的潜在隐私泄露问题，并提出了隐私保护的安全通信架构和精确的奖励机制，以保护电动车监控和奖励过程中的隐私。

同样在智能电网的 V2G 网络背景下，Liu 等人[73]研究了智能电网中 V2G 网络的隐私保护认证问题，每个聚合器通过两种模式为电动汽车充电：家庭模式和访问模式。具体而言，电动汽车可能在属于不同团体的不同区域内移动，因此对安全性、隐私和认证都有要求。所提出的方案有效地保护个人隐私，同时定期收集电力状态数据，即电动汽车有关能量的状态信息（例如，充电效率和电池饱和状态）。作者为所提出的方案提供了有力的安全证据，包括数据机密性、完整性、可获得性、双方认证、前向/后向安全性以及隐私保护。

结语

总之，隐私保护日益融入智能电网服务的设计和实施中，在个别智能电网组件层面（终端用户、配电、发电）防止侵犯隐私。针对上述三个组件，Wolf[62]阐述了隐私问题的技术与应用，例如，智能电表（远程连接/断开电表、旁路电表检测装置、数据收集、通信和存储与公用事业运营商通信的家用电器、向用户传达使用信息的家用设备、消费者访问能源相关的信息和自动馈线设备）、故障检测、负荷管理以及插电式混合电动汽车。很多上述应用程序和技术已经解决了隐私问题。但是，为解决将来的隐私挑战，隐私保护方案仍值得探索剩下的问题。

参考文献

[1] Li H, Gong S, Lai L, Han Z (2012) Efficient and secure wireless communications for advanced metering infrastructure in smart grids. IEEE Trans Smart Grid 3(3):1540-1551.

[2] McDaniel P, McLaughlin S (2009) Security and privacy challenges in the smart grid. IEEE Secur Priv 7(3):75-77.

[3] Bisoi S, Dash AK (2011) The role of utilities in securing a smart grid: electric light and power. Available via http://www.elp.com/articles/print/volume-89/issue-6/sections/the-role-of-utilities-in-securing-a-smart-grid.html. Accessed 6 Jul 2014.

[4] Wilshusen G (2012) CyberSecurity-challenges in securing the electricity

grid. GAO-12926T-Testimony before the Committee on Energy and Natural Resources, US Senate, 17 July 2012.

[5] ENISA, Smart grid security-annex Ⅱ. Security aspects of the smart grid. 2012-04-25. https://www.enisa.europa.eu/activities/Resilience-and-CIIP/critical-infrastructure-and-services/smart-grids-and-smart-metering/ENISA_Annex%20II%20-%20Security%20Aspects%20of%20Smart%20Grid.pdf.

[6] Wang S, Cui L, Que J, Choi D, Jiang X, Cheng S, Xie L (2012) A randomized response model for privacy preserving smart metering. IEEE Trans Smart Grid 3(3):1317-1324.

[7] Pearson I (2011) Smart grid cyber security for Europe. Energy Policy 39: 5211-5218.

[8] Naone E (2009) Meters for the smart grid: MIT Technology review. September/October 2009:110-111.

[9] NRG Expert (2011) Chapter 13-Security. Global smart grid report, pp. 172-179.

[10] Steven J, Peterson G, Frinckle D (2010) Smart-grid security issues. IEEE Secur Priv 8(1):81-85.

[11] Shapiro J (2011) Cyber security and smart grid. In: Presentation at the clean air through energy efficiency (CAFEE) conference, Dallas, 8-11 Nov 2011.

[12] Aloul F, Al-Ali AR, Al-Dalky R, Al-Mardini M, El-Hajj W (2012) Smart grid security: threats, vulnerabilities, and solutions. Int J Smart Grid Clean Energy 1(1):1-6.

[13] Echelon (2012) Protect your grid: Echelon's answer for a safe, secure grid. White paper.

[14] Monticelli A (1999) State estimation in electric power systems: a generalized approach. Springer, Berlin.

[15] AlMajali A, Viswanathan A, Neuman C (2012) Analyzing resiliency of the smart grid communication architectures under cyber attack. In: Proceedings of the 5th workshop on cyber security experimentation and test, Bellevue, 6 Aug 2012.

[16] Kosut O, Jia L, Thomas RJ, Tong L (2011) Malicious data attacks on the smart grid. IEEE Trans Smart Grid 2(4):645-658.

[17] Zhang Z, Gong S, Dimitrovski A, Li H (2013) Time synchronization attack in smart grid: impact and analysis. IEEE Trans Smart Grid 4(1): 87-98.

[18] Lu Z, Lu X, Wang W, Wang C (2010) Review and evaluation of security threats on the communication networks in the smart grid. In: Proceedings of military communications conference, San Jose, 31 Oct-3 Nov 2010.

[19] Lafferty S, Ghazi T (2011) The increasing importance of security for the smart grid. POWERGrid Int 16(4): 60-63.

[20] Ernst & Young (2011) Attacking the smart grid. Insights on governance, risk and compliance, Dec 2011.

[21] Ai Ling AP, Masao M (2011) Smart grid information security (IS) functional requirement. Int J Emerg Sci 1(3): 371-386.

[22] Mo Y, Hyun-Jin T, Brancik KK, Dickinson D, Lee H, Perric A, Sinopoli B (2011) Cyber-physical security of a smart grid infrastructure. Proc IEEE 100 (1): 195-209.

[23] Zhang Y, Wang L, Sun W, Green RC, Alam M (2011) Distributed intrusion detection system in a multi-layer network architecture of smart grids. IEEE Trans Smart Grid 2(4): 796-808.

[24] Choi K, Chen X, Li S, Kim M, Chae K, Na J (2012) Intrusion detection of MSM based DoS attacks using data mining in smart grid. Energies 5: 4091-4109.

[25] Chen P, Cheng S, Chen K (2012) Smart attacks in smart grid communication networks. IEEE Commun Mag 50(80): 24-29.

[26] Hahn A, Govindarasu M (2011) Cyber attack exposure evaluation framework for the smart grid. IEEE Trans Smart Grid 2(4): 835-843.

[27] Chen T, Sanchez-Aarnoutse JC, Buford J (2011) Petri net modeling of cyber-physical attacks on smart grid. IEEE Trans Smart Grid 2(4): 741-749.

[28] Zonouz S, Rogers K, Berthier R, Bobba R, Sanders W, Overbye T (2012) SCPSE: security-oriented cyber-physical state estimation for power grid critical infrastructures. IEEE Trans Smart Grid 3(4): 1790-1799.

[29] Bobba R, Rogers K, Wang Q, Khurana H, Nahrstedt K, Oberbye T (2010) Detecting false data injection attacks on DC state estimation. In: Proceedings of 1st workshop on secure control systems, Stockholm, Apr 2010.

[30] Ghansah I(2012) Smart grid cyber security potential threats, vulnerabilities and risks. Public interest energy research (PIER) program interim report, May 2012.

[31] Li H, Lai L, Zhang W(2011) Communication requirement for reliable and secure state estimation and control in smart grid. IEEE Trans Smart Grid 2(3):476-486.

[32] Liu Y, Ning P, Reiter M(2011) False data injection attacks against state estimation in electric power grids. ACM Trans Inf Syst Secur 14:13:1-13:33.

[33] Kim J, Tong L(2013) On topology attacks of a smart grid. IEEE J Sel Areas Commun 31(7):1294-1305.

[34] Zonouz S, Khurana H, Sanders W, Yardley T(2009) RRE: a game-theoretic intrusion response and recovery engine. IEEE Trans Parallel Distrib Syst 25(2):395-406.

[35] Locasto M, Wang K, Keromytis A, Stolfo S(2005) FLIPS: Hybrid adaptive intrusion prevention. In: Proceedings symposium on recent advances in intrusion detection, Seattle, pp. 82-101, 7-9 Sept 2005.

[36] Hug G, Giampapa JA(2012) Vulnerability assessment of AC state estimation with respect to false data injection cyber-attacks. IEEE Trans Smart Grid 3(3):1362, 1370.

[37] Shaw WT(2004) SCADA system vulnerabilities to cyber attack. Electric energy Online 8(6). Retrieved fromhttp://www.electricenergyonline.com/show_article.php? mag=&article=181.

[38] Kim T(2011) Securing Communication of SCADA Components in Smart Grid Environment. Int J Syst Appl, Eng Dev 5(2):135-142.

[39] Skopik F, Ma Z, Bleier T, Gruneis H(2012) A survey on threats and vulnerabilities in smart metering infrastructures. Int J Smart Grid Clean Energy 1(1):22-28.

[40] Sankar L, Rajagopalan SR, Mohajer S, Poor HV(2012) Smart meter privacy: a theoretical framework. IEEE Trans Smart Grid. doi:10.1109/TSG.2012.2211046.

[41] Rahman MA, Al-Shaer E, Bera P(2012) A noninvasive threat analyzer

for advanced metering infrastructure in smart grid. IEEE Trans Smart Grid. doi: 10. 1109/TSG. 2012. 2228283.

[42] Xiao Z, Xiao Y, Du D (2012) Exploring malicious meter inspection in neighborhood area smart grids. IEEE Trans Smart Grid. doi:10. 1109/TSG. 2012. 2229397.

[43] Gering K (2010) A meter perspective on cyber security: electronic perspectives. May/June 2010:102-105.

[44] Bell R (2010) In smart grid security, the details matter: power Grid Internation. Available via: http://www. elp. com/articles/powergrid_international/print/volume-15/issue-4/Features/in-smart-grid-security-the-details-matter. html. Accessed 6 Jul 2014.

[45] Falk R, Fries S (2011) Smart grid cyber security—an overview of selected scenarios and their security implications. PIK-Praxis der Informationsverarbeitung und Kommunikation 34(4):168-175.

[46] Iyer S (2011) Cyber security for smart grid, cryptography, and privacy. Int J Digital Multimedia Broadcast 2011.

[47] Liu J, Xiao Y, Li S, Liang W, Chen C, Philip L Cyber security and privacy issues in smart grids. IEEE Commun Surv Tutor 14(4):981,997 (Fourth Quarter).

[48] Boyer WF, McBride SA (2009) Study of security attributes of smart grid systems-current cyber security issues. Idaho National Laboratory, USDOE, Under Contract DE-AC07-05ID14517.

[49] Baumeister T (2010) Literature review on smart grid cyber security. University of Hawaii at Manoa, technical report, 2010.

[50] Giani A, Bitar E, Garcia M, McQueen M, Khargonekar P, Poolla K (2013) Smart grid data integrity attacks. IEEE Trans Smart Grid 4(3):1244, 1253.

[51] Gorman S (2009) Electricity grid in U. S. penetrated by spies. Wall St J 8:A1.

[52] Baldor LC (2010) New threat: hackers look to take over power plants. Associated Press, New York.

[53] Abur A, Exposito AG (2004) Power system state estimation: theory and

implementation. CRC Press, Boca Raton.

[54] Huang Y, Esmalifalak M, Nguyen H, Zheng R, Han Z, Li H, Song L (2013) Bad data injection in smart grid: attack and defense mechanisms. IEEE Commun Mag 51(1):27-33.

[55] Liu Y, Reiter MK, Ning P(2009) False data injection attacks against state estimation in electric power grids. In: ACM conference on computer and communications security, pp. 21-32.

[56] Jeu-Min L, Heng-Yau P(2007) A static state estimation approach including bad data detection and identification in power systems. In: IEEE power engineering society general meeting, p 17, June 2007.

[57] Milli L, Cutsem TV, Pavella MR(1985) Bad data identification methods in power system state estimation, a comparative study. IEEE Trans Power Appar Syst 103(11):3037-3049.

[58] Rahman MA, Mohsenian-Rad H (2012) False data injection attacks with incomplete information against smart power grids. In: Global communications conference(GLOBECOM), 2012 IEEE, pp. 3153-3158.

[59] Kosut O, Jia L, Thomas RJ, Tong L(2010) Malicious data attacks on smart grid state estimation: attack strategies and countermeasures. In: 1st IEEE international conference on smart grid communications (SmartGridComm), 2010, pp. 220, 225, 4-6 Oct 2010.

[60] Kim TT, Poor HV(2011) Strategic protection against data injection attacks on power grids. IEEE Trans Smart Grid 2(2):326, 333.

[61] Mohsenian-Rad A-H, Leon-Garcia A(2011) Distributed internet-based load altering attacks against smart power grids. IEEE Trans Smart Grid 2(4): 667, 674.

[62] Cavoukian A, Polonetsky J, Wolf C(2010) Smart privacy for the smart grid: embedding privacy into the design of electricity conservation. Identity Inf Soc 3(2):275-294.

[63] Rebecca H(2009) SmartGrid privacy concerns. NIST SmartGrid privacy group report, 2009.

[64] Murrill B, Liu E(2012) Thompson RII Smart meter data: privacy and cybersecurity. CRS Report for Congress, 7-5700, 3 Feb 2012.

[65]McNeil S(2011)Privacy and the Modern Grid. Harv J Law Technol 25(1).

[66]Skopik F(2012)Security is not enough! on privacy challenges in smart grids. Int J Smart Grid Clean Energy 1(1):7-14.

[67]Efthymiou C,Kalogridis G(2010)Smart grid privacy via anonymization of smart metering data. In:1st IEEE international conference on smart grid communications (SmartGridComm), pp. 238-243. doi: 10.1109/SMARTGRID.2010.5622050.

[68]Kalogridis G,Efthymiou C,Denic SZ,Lewis TA,Cepeda R(2010)Privacy for smart meters:towards undetectable appliance load signatures. In Proceedings of SmartGridComm 2010,pp. 232-237.

[69]David P(2011)Varodayan and Ashish Khisti,"Smart meter privacy using a rechargeable battery:minimizing the rate of information leakage",In Proceedings of ICASSP 2011,pp. 1932-1935.

[70]Kursawe K,Danezis G,Kohlweiss M(2011)Privacy-friendly aggregation for the smart-grid. In Proceedings of international conference on privacy enhancing technologies,pp. 175-191.

[71]Go W,Kwak J(2012)Privacy-enhanced secure data transaction system for smart grid. Int J Secur Appl 6(3):37-44.

[72]Lin H,Fang Y(2013)Privacy-aware profiling and statistical data extraction for smart sustainable energy systems. IEEE Trans Smart Grid 4(1):332,340.

[73]Liu H,Ning H,Zhang Y,Yang LT(2012)Aggregated-proofs based privacy-preserving authentication for V2G networks in the smart grid. IEEE Trans Smart Grid 3(4):1722,1733.

[74]Yang Z,Yu S,Lou W,Liu C(2011)Privacy-preserving communication and precise reward architecture for V2G networks in smart grid. IEEE Trans Smart Grid 2(4):697,706.

第二章
欧洲视角下智能电网和智能计量系统中个人数据的法律保护

摘　要：智能电网逐渐在全球能源生产和分配中扮演着越来越重要的角色，并且给社会带来了诸多便利，如节能与环保。但是，与此同时，他们能够严重侵犯隐私最敏感的地方——家庭的不可侵犯性。因此，在部署智能电网时必须充分考虑这些问题。本章将从欧洲法律的角度概述智能电网在基本隐私权和个人数据保护方面所面临的挑战以及欧洲解决这些挑战的方法。本章特别关注相关法规要求以及恰当解决这些挑战的可行方法，尤其是数据保护影响评估，通过分析欧洲方法的有效性得出结论。

第一节　引言

智能电表是包括双向通信容量的传统机械功用电表的数字版。它们目前最常用于电量测量，但是其原理可以应用于其他公用事业公司。这些电表可能以接近于实时和更高粒度的数据，直接从计量设备向公用事业公司传输信息（相比之下，传统电表记录了一段时间内使用的电量或燃气量，并且可根据时钟区分峰值和非峰值时段）。通常，邻域中的各种智能电表形成一个具有单个收集点的网状无线网络，通过电话线或网络将其连接到运营公司。智能电表是智能电网的一个组成部分，是电气基础设施现代化的方式，其预期效果更能响应并且更好地管理能源需求，以及能更好地整合多种能源。智能电表通常是配电公司的财产，而非接收者如住户或企业的财产。配电公司可能与电力零售商有所不同，电力零售商是向接收者收费的。

用户可以从智能电表中获得的潜在好处，包括详细反馈能源使用情况，提供节约能源的潜在方法，以及确认高利用率甚至故障设备。房主可以通过自己的电表实现第一个好处。用户可以了解家庭或企业的用电量，与其他人进行比较，在能源需求低时运行程序设备，控制能源支出，并利用供应商的节能方案。与智能电网相连的智能设备可以让用户根据实时价格作出有关供暖或使用其他能源的决策。智能电器可以设定在能源价格便宜时运行（例如，洗碗机在半夜运行）或者改变它们的运行方式（例如，当电力需求达到峰值时，恒温器可以将供暖降低几度）。智能电表也应该促进反馈到智能电网中的能源使用（例如，家用太阳能电池板）。

电力零售商和分销商的利益是巨大的，包括更准确的计费（包括按使用时间分层定价）、管理信用风险、检测和管理能源盗窃以及能够更好地管理整个网络的电力需求负荷。不再需要人工抄表也可以节省人工成本。能源供应公司将能使用为各种研究目的而生成的数据，包括测试各种需求响应计划的效果[1]。根据特定市场，批发电力的价格可以随着时间变化而变化。因此，零售商会让用户更多了解这种可变性，以鼓励减少需求的行为（例如，关于在何时运行特定设备的更多选择性）[2]。在违约情况下将客户远程转移到预付计划的能力和更改账户持有人的便利性为公用事业公司节省了成本。

鉴于其潜在的巨大效益，发展智能电网已被提升为欧盟的优先事项，目的是到2020年让80%的消费者拥有智能计量系统。为此，与其他倡议并行，欧盟发布了一系列监管规则，旨在鼓励智能电网在欧盟范围内实施，同时还制定了有关其使用的基本终端用户保护规则。某些欧盟成员国，例如英国[3]和荷兰，也积极参与了该领域，详细阐述了智能电网的实施以及欧盟成员国的行为准则、隐私、数据保护和安全后果。在美国显然也是如此[4]。

欧盟法律应当为评估智能电网安全问题提供法律框架。实际上，在发生安全漏洞的情况下，存在两种可以预见的侵权行为：一种导致个人数据丢失或未经授权访问及使用；另一种导致某种类型的欺诈。但是，后文的分析仅关注前者；关于后者，一旦智能电网安装就绪，就必须根据每个成员国的刑法规定（可能不大相同）对由智能电网安全漏洞引发的欺诈行为进行评估。

因此，数据保护立法构成了明显受到智能电网和智能计量系统实施的直接影响的法律框架。毕竟，正是由于这个原因，相关分析便如将要看到的那样,已经引起了人们的极大关注,甚至可能与这种系统在整个欧盟的使用水平不成比例。

本章旨在分析智能电网和智能计量系统对保护隐私和个人数据提出的挑战。它主要取决于法律视角。为此,本章选取欧洲观点作为“范例”。然而,尽管该部分专注于数据保护问题,但是为了了解全貌,在关于个人数据保护的讨论之前,有一些关于智能电网和智能计量系统的背景信息。

本章首先分析了欧盟对智能电网和智能计量系统采取的行动,即其监管框架、政策举措以及该领域的有关利益相关者(第二节至第四节)。其次,本章分析了欧盟的一般数据保护框架(第五节)。其后,本章分析了个人数据保护下智能电网和智能计量系统的相互作用(第六节至第七节)。接下来,概述所谓的隐私和个人数据保护“工具”,这些工具可能对智能电网和智能计量系统的运营商有用(第八节)。接下来,在本章第九节中讨论了用户的利益。本章第十节中,简要提到国家实施智能电网和智能计量系统的两个案例,即荷兰和英国。本章最后在第十一节中讨论关于保护智能电网和智能计量系统中的个人数据。

本章主要由文本和材料构成,本章的编写主要基于 2014 年 11 月 1 日之前颁布的法律。

第二节 欧盟关于智能电网和智能计量系统行动的基本原理和运作方式

为清楚起见,有必要就欧盟参与智能电网和智能计量系统的部署和管理的基本原理和运作方式进行解释。

欧盟参与智能电网和智能计量系统的部署和管理有至少以下三方面的原因。第一个原因与欧洲一体化的基本原理有关。从历史角度来看,欧洲一体化是在 20 世纪 50 年代初期开始的,当时即对能源产生兴趣,以超国家治理的形式管理煤钢[①]和核能[②]的生产和使用。这两个产业部门的整合被认为是实现和平与繁荣这种更大目标的一种手段,这在战后的西欧尤为重要。

① 参见《欧洲煤钢共同体条约》(巴黎 1951 年)。
② 参见《欧洲原子能共同体条约》(罗马 1957 年)。

此外，20 世纪 50 年代中期产生了一个政治协议，朝着更广泛的经济一体化的方向发展[5]，并导致 1958 年建立了欧洲经济共同体①，这是当代欧盟的前身②。大约 50 年后，欧洲一体化很大程度上仍然是出于经济原因，其主要目标之一是发展内部市场。欧盟条约③将内部市场定义为“没有内部边界，确保货物、人员、服务和资本自由流动”的区域④。

第二个原因与国家能源市场的整合有关。直到 20 世纪 80 年代，欧盟对发展综合能源市场才越来越感兴趣，并意识到“能源部门不应与内部市场隔离，而应受制于影响其他部门的自由化政策”[6,343]。20 世纪 80 年代，成员国的偏好也从原本国家的解决方案转向寻求超国家的解决方案。Nugent[6,343]进一步认为该发展受到以下因素的刺激：

- 能源在任何现代经济中的中心地位；
- 综合能源市场带来的巨大节能效益；
- 越来越认识到欧盟对外部供应商的过度依赖；
- 某些欧盟能源供应商的“激进”立场；
- 需要应对气候变化，节约能源，促进更清洁能源的生产。

第三个原因与能源政策和其他政策的相互交织有关。这种渐进式发展使欧盟能源政策与其他相关政策相互交织，例如，气候变化和环境保护。关于最后一项，《欧洲联盟运行条约》第 11 条明确规定“必须将环境保护要求纳入联盟的政策和活动的定义和实施中”。这项规定是从《里斯本条约》（2007 年）引入的，是对 20 世纪 90 年代后期提出的要求各政策妥善考量环境因素的卡迪夫（Cardiff Process）进程这一实践的法律编纂[7,367]。⑤

因此，欧盟的能源政策诞生并成熟，其重点是[6,343]：

- 开发内部能源市场；
- 开发内部能源关系以及确保供应安全；
- 管理需求；
- 使能源来源多样化；

---

① 参见《欧盟条约》（马斯特里赫特 1992 年）。

② 参见《欧洲经济共同体条约》（罗马 1957 年）。

③ 参见《欧洲经济共同体条约》（罗马 1957 年）。

④ 目前，欧盟是基于两项界定欧盟宪法秩序的基本国际条约：《欧盟条约》和《欧盟运行条约》。自《罗马条约》（1957 年）和《马斯特里赫特条约》（1992 年）首次成立以来，这些条约经过多次修订。《里斯本条约》（2007 年）构成了《欧盟条约》的最新修正案。

⑤ 详见网站 http://ec.europa.eu/environment/integration/integration.htm。

- 将能源的使用和生产对环境的负面影响降到最低；
- 应对气候变化。

很大程度上，这些目标已经被编撰在欧盟条约里。

《欧洲联盟运行条约》(1957 年制定，2009 年修订)

第 194 条

1. 在内部市场的建立和运作以及关于保护和改善环境的必要性方面，联盟能源政策应本着成员国之间的团结精神，旨在：

(a)确保能源市场的运作；

(b)确保欧盟能源供应安全；

(c)促进能源效率和节能以及开发新型的可再生能源；

(d)促进能源网络的互联。

从形式上看，当共同能源政策逐渐在所有欧盟政策中占据突出地位时，它已成为所谓的共享权限。这意味着欧盟及其成员国都可以在特定领域进行监管，但成员国可以在欧盟还没有或停止这样做的情况下行使其权限。[①]

在共享权限的情况下，欧盟的参与程度受到辅助原则的约束。这意味着“只有在成员国无法在中央或在区域和地方充分实现提议行动的目标时，欧盟才会采取行动，但是由于提议行动的规模和效果，在欧盟层面可以更好地实现”。[②] 欧盟的行动范围进一步受到比例原则的限制，这意味着“欧盟行动的内容和形式不应超过其实现目标所需要的范围”。[③]

第三节 智能电网和智能计量系统的欧盟监管框架

一、法律约束性框架

有必要概述欧盟在智能电网和智能计量系统上的整体监管框架。

鉴于欧盟能源政策的目标（参考上文，第二章第二节），以及发展内部市场和保护环境等目标的补充，欧盟颁布了很多具有法律约束力的文书——

① 《欧盟运行条约》第 2 条第(4)款。

② 《欧盟条约》第 5 条第(3)款。

③ 《欧盟条约》第 5 条第(4)款。

主要是指令[①]——规范了智能电网和智能计量系统的部署。他们主要关注其部署条件(例如,到2020年完成80%的部署)[②]及其功能要求(例如,能耗信息是实际而非估计的)。[③]

(一)《计量仪器指令》(2004年)

从历史角度来看,提及智能电网和智能计量系统的第一个具有法律约束力的文书是所谓的《计量仪器指令》(2004年)。[④] 该指令适用于水、气、电或热的计量仪器。首先,它确定了这些仪器必须满足的基本要求以及它们在部署和投入使用之前必须经历的合格评估。其次,它规定成员国不得妨碍将任何带有CE合格标识和其他计量标识的计量仪器投放市场并投入使用。

对我们来说重要的是,该指令隐含地规定了电表内信息保留的最短时间:[⑤]

> 如果电路断电,测量的电量应至少在4个月内保持可供读取。

(二)《第三次能源改革方案》(2009年)

为了"使能源市场充分发挥作用",并建立真正的"欧盟天然气和电力单一市场",[⑥]2009年《第三次能源改革方案》进一步整合了内部能源市场。该方案包括5个主要法律文书:

- 《电力内部市场指令》;[⑦]
- 《天然气内部市场指令》;[⑧]

---

① 为清楚起见,欧盟有权制定两种主要类型的具有约束力的立法文书。一项指令对成员国的目标具有约束力,但对实施手段不进行约束。因此,指令总是通过议会法案纳入国家法律体系。法规是一项直接具有约束力的文书,不需要在国家法律体系内执行。这两类法律文书由不具约束力的法律文书进行补充,如建议和意见。各种文书通常会相互结合使用。有关欧盟立法工具箱的更多信息,请参见参考文献[5,111—117]。

② 参见上文第二章第三节第一小节第(二)点。

③ 参见上文第二章第三节第一小节第(三)点。

④ 2004年3月31日欧洲议会和理事会关于计量仪器的第2004/22/EC号指令,欧盟官方公报L135,2004年4月30日,第1—80页。所有欧盟立法均可通过http://eur-lex. europa. eu获取。

⑤ 附件MI-003,第5(3)段落。

⑥ 盟委员会关于欧盟内部天然气和电力市场第三个立法方案的问题和答案,备忘录11/125,布鲁塞尔,2011年3月2日。http://europa. eu/rapid/press-release_MEMO-11-125_en. htm。

⑦ 2009年7月13日欧洲议会和理事会关于电力内部市场的共同规则的第2009/72/EC号指令,并废除第2003/54/EC号指令,欧盟官方公报L 211,2009年8月14日,第55—93页。

⑧ 2009年7月13日欧洲议会和理事会关于天然气内部市场的共同规则的第2009/73/EC号指令,并废除第2003/55/EC号指令,欧盟官方公报L 211,2009年8月14日,第94—136页。

- 《电力跨境交换网络条例》;①
- 《天然气传输网络条例》;②
- 《能源监管合作机构条例》。③

电力内部市场指令鼓励“配电网络的现代化,例如,通过引入智能电网,这应该以鼓励分散发电和能源效率的方式建立”。④ 为了“提高能源效率,成员国……强烈建议电力企业优化用电,例如……在适当情况下引入智能计量系统或智能电网”。⑤

该指令规定了智能电网和智能计量系统的推出应对“市场和个人消费者的所有长期成本和利益”进行积极的经济评估。⑥ 如果评估“推出智能电表得到积极评价,到2020年至少80%的消费者应配备智能计量系统”。⑦

该指令还涉及电表中个人数据的处理。尤其是:

- 监管机构应确保“对消费者消费数据的访问”;⑧
- 消费者应“随意使用自己的消费数据,并能够通过明确的协议和免费的方式允许任何注册的供应商访问其计量数据”;⑨
- 消费者应“经常得知实际的电力消耗和成本,以使他们能够调节自己的用电量。该信息应在足够的期限内提供,且应考虑用户的计量设备和电器产品的能力。应适当考虑这些措施的成本效益”;⑩
- 消费者有权与其电力服务提供商签订合同,“详细说明与消费者权利有关的信息,包括投诉处理和通过计费或电力企业的网站传达此时提到的所有信息”;⑪

---

① 2009年7月13日欧洲议会和理事会关于电力跨境交换网络的准入条件的第(EC)714/2009号条例,并废除第(EC)1228/2003号条例,欧盟官方公报L 211,2009年8月14日,第15—35页。

② 2009年7月13日欧洲议会和理事会关于天然气输送网络的准入条件的第(EC)715/2009号条例,并废除第(EC)1775/2005号条例,欧盟官方公报L 211,2009年8月14日,第36—54页。

③ 2009年7月13日欧洲议会和理事会第713/2009号条例(欧共体)设立了能源监管合作机构,欧盟官方公报L 211,14.8.2009,第1—14页。

④ 《电力内部市场指令》第27条。

⑤ 《电力内部市场指令》第3条第(11)款。

⑥ 《电力内部市场指令》第55条和附件1,第2段落。

⑦ 《电力内部市场指令》附件1,第2款。

⑧ 《电力内部市场指令》第37(1)(p)条。

⑨ 《电力内部市场指令》附件I,1(h)款。

⑩ 《电力内部市场指令》附件I,1(i)款。

⑪ 《电力内部市场指令》附件I,1(a)款。

• 对于任何上述服务，不得向消费者收取额外费用。[①]

(三)新版《能源效率指令》(2012年)

欧盟能源政策的重点之一是效率目标。根据新的《能源效率指令》(2012)[②]的定义，主要目标是：

前言1　第一部分

由于日益依赖进口能源和稀缺的能源资源，以及需要限制气候变化和克服经济危机，欧盟正面临着前所未有的挑战。能效是应对这些挑战的有效手段。它通过降低主要能源的消耗和减少进口能源来促进欧盟的供应安全。它有助于以具有成本效益的方式减少温室气体的排放，从而减缓气候变化。转向更节能的经济也应该加速推广创新技术解决方案，并且提高该行业在欧盟的竞争力，促进经济增长，以及与能效相关的一些部门创造高质量的就业机会。

新指令取代了2006年的类似文书。除了其他创新举措以外，新指令还进一步详细和具体地阐述了智能电表需具备的功能，其功能是为"最终用户关于从个人能耗的计量和计费中获取信息"赋能。[③]

《能源效率指令》(2012年)

第9条

计量

1. 成员国应当在技术允许的情况下，在潜在节能相关领域确保财政收支合理相称，保证为电力、天然气、区域供暖、区域制冷和生活热水的终端用户提供价格具有竞争力的单个电表，准确反映终端用户的实际能耗，并提供实际使用时长信息。

2. 另外，第2009/72/EC号指令和第2009/73/EC号指令规定了成员国在何处以及何种程度上实施智能计量系统并推出用于天然气和/或电力的智能电表：[④]

---

① 附件I,1(h)—1(j)款。

② 2012年10月25日欧洲议会和理事会关于能源效率的第2012/27/EU号指令，修订第2009/125/EC号指令和第2010/30/EU号指令并废除第2004/8/EC和2006/32/EC号指令，欧盟官方公报L 315,2012年11月14日，第1—56页。

③ 鉴于第33条。

④ 分别是《电力内部市场指令》和《天然气内部市场指令》。参考第二章第三节第一小节第(二)点。

(a)他们应确保计量系统向终端用户提供有关实际使用时长的信息,并在确定计量表的最低功能以及给市场参与者强加义务时,充分考虑终端用户的能效和效益目标;

(b)他们应遵守相关的欧盟数据保护和隐私法规,确保智能电表和数据通信的安全性以及终端用户的隐私;

(c)至于电力,并应终端用户的要求,他们应要求电表操作员确保电表可以计算从终端用户所在地投入电网中的电量;

(d)如果终端用户要求,他们应确保可以以易于比较、易于理解的格式向终端用户或代表最终用户的第三方提供其电力输入和承购的计量数据;

(e)他们应要求在安装智能电表时向用户提供适当的建议和信息,特别是关于其在抄表管理和能耗监测方面的全部潜力。

第10条

计费信息

2. 根据第2009/72/EC号指令和第2009/73/EC号指令安装的电表应能够根据实际消耗量生成准确的计费信息。成员国应确保最终用户能够轻松获取有关其历史消耗的补充信息,从而进行详细的自我检查。

有关历史消耗的补充信息应包括:

(a)至少前三年或自供应合同签订以来的累计数据(如果这个数据较短)。该数据应对应于产生频繁计费信息的时间间隔;

(b)一年中任何一天、一周、一个月的使用时间的详细数据。至少前24个月或自供应合同签订以来的时间段内(如果时间较短),这些数据应通过互联网或电表界面提供给最终用户。

3. 与是否安装智能电表无关,成员国:

(a)应要求在最终用户的能源计费和历史消耗信息可用的情况下,可以根据最终用户的要求将该信息提供给其指定的能源服务提供商;

(b)应确保向最终用户提供电子计费信息和账单的选择,并且他们可以要求以明确且易于理解的方式解释其账单如何得出的,特别是在账单不是基于实际消费的情况下;

(c)应确保与账单一起提供适当的信息,以便根据附件Ⅶ为最终用户提供当前能源费用的综合说明;

(d)可以规定,应最终用户的要求,这些账单中所包含的信息不应被视为构成付款请求。在这种情况下,成员国应确保能源供应商为实际付款提供灵活的安排；

(e)应要求以及时和易于理解的形式在需要的时候向消费者提供能源成本的信息和估算，使消费者能够在类似的基础上对比交易。

第 11 条

访问计量及计费信息的成本

1. 成员国应确保最终用户免费获得其所有能源消耗的账单和计费信息，并确保最终用户能够以适当的方式免费获取其消耗数据。

第 12 条

消费者信息和赋权方案

1. 成员国应采取适当措施以推动和促进小型能源用户(包括国内用户)有效利用能源。这些措施可能是部分国家战略。

2. 为了第 1 款，这些措施应包括(a)点或(b)点所列的一个或多个要素：

(a)推动行为变化的一系列文书和政策，其中可能包括：

(i)财政激励；

(ii)获得资金、补助或补贴；

(iii)信息提供；

(iv)示范项目；

(v)工作场所的活动；

(b)在可能推出智能电表期间，吸引消费者和消费者组织的途径和方法：

(i)能源使用中符合成本效益和易于实现的变化；

(ii)关于能效措施的信息。

第 17 条

信息和培训

1. 成员国应确保有关现有能效机制和财务法律框架的信息是透明的，并且将其广泛传播给所有相关市场参与者，例如，消费者、建筑工人、建筑师、工程师、环境和能源审计员以及第 2010/31/EU 号指令所定义的建筑构件的安装者。①

成员国应鼓励向银行和其他金融机构提供有关参与的可能性的信息，

---

① 欧洲议会和欧洲理事会 2010 年 5 月 19 日关于建筑物能源性能的第 2010/31/EU 号指令，欧盟官方公报 L 153，2010 年 6 月 18 日，第 13—35 页。

包括通过建立公共/私营伙伴关系，目的是向能效改进措施提供资金。

2. 成员国应为市场运营商提供适当的条件，以便为能源消费者就能源效率方面提供充分和有针对性的信息和建议。

3. 委员会应审查其支持平台发展的措施的影响（其中包括欧洲社会对话机构促进能效培训计划），并酌情提出进一步措施。委员会应鼓励欧洲伙伴讨论能效问题。

4. 成员国应在利益相关者（包括地方和区域当局）的参与下，采取适当措施，使公民了解采取能效改善措施的好处和实用性。

5. 委员会应鼓励会员国间就最佳能效实践的信息进行交流和广泛传播。

第25条

网络平台

委员会应建立网络平台以促进该指令在国家、地区和地方各级得以实际执行。该平台应支持在实践、基准、网络活动以及创新实践方面交流经验。

附件 VII

基于实际消耗的最低计费要求和计费信息

1. 计费的最低要求

1.1. 基于实际消耗的计费

为了使最终用户能够调节其能源消耗，至少应每年一次根据实际消耗进行计费，并应根据要求至少每季度一次或消费者选择接收电子账单时或每年两次的方式提供计费信息。仅用于烹饪目的的燃气可免除此要求。

1.2. 账单所含的最小信息

成员国应确保，在适当情况下，以明确且易于理解的方式向最终用户提供其在配电所的账单、合同、交易和收据中的以下信息：

(a)目前的实际价格和实际能耗；

(b)将最终用户目前的能耗与上一年同期的消耗量进行比较，最好采用图表形式；

(c)最终用户组织、能源机构或类似机构的联系信息，包括网站地址，从中可以获得可用的能效改善措施，比较终端用户配置文件和能源使用设备的客观技术规范方面的信息。

此外,在可能及有用的情况下,成员国应确保以明确且易于理解的方式将相同用户类别中平均的或基准的最终用户的对比信息提供给最终用户本人,并在配电所账单、合同、交易和收据中一同附上该信息或在其中作出指示。

1.3. 附带账单的能效建议和对最终用户的其他反馈

当发送合同和合同变更时,通过针对个人用户的网站,能源分销商、分销系统运营商和零售能源销售公司应以清晰易懂的方式在用户收到的账单中或向用户告知独立消费者咨询中心、能源机构或类似机构的联系信息,包括它们的网址,最终用户可以获得有关可用的能效措施的建议、能源消耗的基准概况和用来减少这些家电消耗的能源技术规范。

二、非约束性框架

除了上述规定(参见上文,第二章第三节第一小节)智能电网和智能计量系统的具有法律约束力的零散文书之外,多个欧盟机构也发布了众多的诸如建议和意见等非约束性法律文书对其进行补充。

欧洲智能电网和智能计量系统的推出已经体现在欧盟的关键政策举措中。在最近的欧盟旗舰创新计划《欧洲数字议程》(2010 年)中提到,[①]智能电网和智能计量系统的管理首次在欧盟委员会的政策文件《智能电网:从创新到部署》(2010 年)中得到全面解决。随后,智能电网和智能计量系统的部署得到了欧洲理事会的政治支持(2011 年)。2012 年,欧盟发布了智能电网项目的成本效益分析指南。

通信委员会:欧洲数字议程(2010 年)[②]

2.7.1. 信息与通信技术对环境的意义

欧盟承诺到 2020 年温室气体的排放量将比 1990 年减少至少 20%,并且能源效率将提高 20%。信息与通信技术行业在实现该目标中发挥着关键作用:

- 信息与通信技术为结构转向资源密集程度较低的产品和服务、建筑物和电力网络的节能,以及更高效、能耗更低的智能交通系统等方面提供潜

① 委员会与欧洲议会、理事会、欧洲经济社会委员会和区域委员会的沟通,欧洲数字议程,布鲁塞尔,2010 年 8 月 26 日,COM(2010)245final/2。

② 委员会与欧洲议会、理事会、欧洲经济社会委员会和区域委员会的沟通,欧洲数字议程,布鲁塞尔,2010 年 8 月 26 日,COM(2010)245final/2。

能;通信行业应通过采用共同的计量框架来报告其自身的环境绩效,并基于其制定的目标来减少信息通信技术产品的生产、分配、使用和处置过程中,以及信息通信技术服务的提供等所有过程中的能源使用和温室气体排放。

通信行业、其他部门和公共机构之间的合作对于加速开发和大规模推广智能电网和电表,零耗能建筑和智能交通系统的通信解决方案至关重要。必须为个人和组织提供有助于他们减少自身碳足迹的信息。信息通信技术部门应提供建模、分析、监测和可视化工具,以评估建筑物、车辆、公司、城市和地区的能源性能和排放。智能电网对于向低碳经济转型至关重要。它们将通过先进的ICT基础设施通信和控制平台实现对输电和配电的主动控制。为了使不同电网有效且安全地协同工作,输配接口将需要开放。

举措

委员会将[……]

- 到2011年评估智能电网对欧洲脱碳能源供应的潜在贡献,并确定一系列2010年年底之前可促进欧洲智能电网互操作性的最低限度的功能。

成员国应当:

- 到2011年年底同意智能电表的常用附加功能[……]

通信委员会:智能电网——从创新到部署(2010年)①

2.2. 解决数据隐私和安全问题

与数据保护机构合作制定尊重消费者隐私的法律和监管制度,特别是与欧洲数据保护监察员合作,并促进消费者访问和控制第三方处理的能源数据,这对于消费者能够广泛接受智能电网至关重要。任何数据交换还必须保护电网运营商和其他参与者的敏感商业数据,并使公司能够以安全的方式共享智能电网的数据。

关于个人数据保护的第95/46/EC号指令构成了管理个人数据处理的核心法规。该指令是技术中立的,数据处理原则适用于任何部门处理个人数据,因此也涵盖了一些智能电网方面。对个人数据的定义至关重要,因为区分个人数据和非个人数据对于进一步部署智能电网至关重要。如果处理的数据是技术性的且与被识别的或可识别的自然人无关,那么分布式系统运营商、智能电表运营商和能源服务公司则可以处理这些数据而无须事先征得电网用户的同意。虽然欧洲数据框架是适当的且无须扩展,但在具体

---

① 委员会与欧洲议会、理事会、欧洲经济和社会委员会以及区域委员会的沟通,智能电网:从创新到部署,布鲁塞尔,2011年4月12日,COM(2011)202 final。

的国家法律框架中可能需要进行一些调整以适应智能电网可预见的功能。随着智能电网的广泛部署，通知国家数据保护机构处理个人数据的义务自然可能会增加。成员国在建立智能电网时，特别是在决定有关所有权、拥有权和数据访问权的角色和责任划分时，必须确保其完全遵守欧盟及其成员国的数据保护法规。

智能电网工作组已同意需要“从设计着手隐私”的方法，这将纳入欧洲标准化组织正在制定的标准中。

最后，开发和维护安全网络对于资源的连续性和消费者的安全至关重要。对于支撑欧洲智能电网部署的基础设施，确保其安全性和弹性非常重要。[……]

2. 关于智能电网中数据隐私和数据安全的举措

- 委员会将监督可能适用于考虑智能电网的数据保护特性的国家部门立法规定。
- 欧洲标准化组织将采用“从设计着手隐私”的方法来制定智能电网的技术标准。
- 委员会将继续把能源和信息通信技术团体聚集在一个专家组内，以评估智能电网的网络和信息的安全和弹性，并支持相关国际合作。

2011 年 2 月 4 日欧洲理事会的结论①

4. 内部市场应在 2014 年之前完成，以便让天然气和电力自由流通。这尤其需要与欧盟能源监管合作署和传输系统运营商合作，推动其在市场耦合和指导方针以及适用于欧洲网络的网络代码方面的工作。成员国与欧洲标准化机构和行业联络，并要求加快其自身工作以期在 2011 年年中之前采用电动车辆充电系统的技术标准，并在 2012 年年底前采用智能电网和电表。根据 2010 年 12 月 3 日的理事会结论，委员会将定期报告内部能源市场的功能，并且特别关注消费者群体，包括那些更易受影响的消费者。[……]

10. 欧盟及其成员国将促进对可再生能源和安全可持续低碳技术的投资，并侧重于实施欧洲战略能源技术计划中确立的技术优先事项。委员会受邀提出关于智能电网的新举措，包括开发与清洁汽车、能源储存、可持续生物燃料和城市节能解决方案相关的计划。

① 参见 https://www.consilium.europa.eu/uedocs/cms_data/docs/pressdata/en/ec/119175.pdf。

委员会关于准备推出智能电表的建议[①]是这方面的核心文书。该《建议》是一项综合性文书，涉及三个主要问题：

(a)个人数据的保护和安全(第4—29款)，将在下文第二章第七节对其进行详细讨论；

(b)长期成本和效益的经济评估(第30—38款)；

(c)智能电表的通用最低功能要求(第39—42款)，参考附件1。

附件1：智能电表的通用最低功能要求

1. 关于用户

(a)直接向用户和消费者指定的任何第三方提供读数；

(b)频繁更新(a)观点中所述的读数，从而允许使用这些信息来实现节能。

2. 关于计量系统的操作员

(c)允许操作员远程读取电表；

(d)在智能计量系统和外部网络之间提供双向通信，以便维护和控制计量系统；

(e)允许频繁读取数据，以便将信息用于网络规划。

3. 关于能源供应的商业层面

(f)支持先进资费系统；

(g)允许远程开/关控制电源和/或流量或功率限制。

4. 关于数据保护和安全

(h)提供安全的数据通信；

(i)防止和检测欺诈。

5. 关于分布式发电

(j)提供导入/出和无功计量。

为智能电网项目进行成本效益分析的指导方针(2012年)[②]

5.2. 外部性和社会影响

除了拥有项目的部署优点外，定性分析还应精确地识别和评估从项目

---

① 2012年3月9日委员会关于推出智能计量准备工作的建议，COM(2012)1342 final，第2012/148/EU号指令，欧盟官方公报L 73，2012年3月13日，第9—22页；此后简称2012年《建议》。

② 欧洲委员会、联合研究中心、能源与运输研究所，智能电网项目成本效益分析的指南，RUR25246EN报告，Patten 2012。http://ses.jrc.ec.europa.eu/sites/ses.jrc.ec.europa.eu/files/publications/guidelines_for_conducting_a_cost-benefit_analysis_of_smart_grid_projects.pdf.

外溢到社会中的所有成本和效益，不能将这些成本和效益加以货币化并包含在经济分析中（外部性）。应列出所有外部因素并用物理术语表示（例如，使用分贝来量化降噪效益）。[……]

社会影响代表了智能电网项目可能面临的很大一部分外部因素。通过改善国家安全、环境条件、公共卫生或经济增长等领域，预计整个社会可以从智能电网中受益[……]虽然难以将其货币化，但实施智能电网所带来的社会影响仍然很大。评估这些好处较为复杂，但了解它们的重要性对于掌握智能电网的（整体）价值至关重要。因此，在本节的剩余部分，我们将介绍在评估智能电网项目的社会影响时值得考虑的一些方面。[……]

社会认可

在很多实例中，社会认可是成功实施智能电网项目的关键。由于担心透明度、公平利益分享或者环境影响，可能会产生社会抵制。如果适用的话，应提供社会对项目的抵制（或参与）水平的评估，包括描述对于确保社会认可及其有效性所采用的手段。[……]

隐私与安全

从定性角度看，它可能包括为实施预防措施而估计的额外费用。[……]

Ⅳ. 性能评估，外部因素和社会影响

指南10——定性影响分析：非货币性评估

成本效益分析应该由定性影响分析加以补充，即对成本效益分析中无法货币化或包含的额外成本和收益进行定性评估。定性影响分析应包括（1）项目的部署优点（绩效评估）；（2）外部因素，特别是社会影响。[……]

外部因素和社会影响

[……]社会影响通常代表项目外部因素的重要部分。一些重点领域包括：

- 工作影响
- 安全
- 环境影响
- 社会认可
- 消费者浪费/节约的时间
- 为第三方提供新服务和应用以及市场准入
- 减少技术和人员上的差距
- 隐私与安全

[……]

附件 IV——关键绩效指标与收益

为用户创建能效或能源咨询等新能源服务的市场机制

46. 启用“简易”和/或自动更改消费者能耗以回应需求/响应信号

47. 数据所有权已明确定义并且数据处理已到位，以允许服务提供商能够在用户同意的情况下积极参与

48. 物理电网相关的数据以易于访问的形式获取

49. 物理连接的授权、要求和收费的透明度

50. 对消费者投诉进行有效的处理和补救。这包括出现问题时明确责任范围。

第四节 欧盟能源监管领域的行为主体

一、欧盟委员会——能源总司

能源总司的使命说明[①]

能源总司负责制定和实施欧洲能源政策。通过制定和实施创新性政策，总司旨在：

- 致力于构建能源市场，为市民和企业提供负担得起的能源，有竞争力的价格和技术先进的能源服务。
- 促进可持续能源的生产、运输和消费，这符合欧盟 2020 年目标并且考虑到 2050 年的脱碳目标。
- 本着成员国之间的团结精神，强化安全能源的供应条件。

在制定欧洲能源政策时，总司旨在支持欧洲 2020 年计划，该计划关于能源的事项体现在 2020 年能源战略中。[②]

总司以多种不同方式执行任务。例如，它为能源部门制定战略分析和政策；促进完成内部能源市场，包括电力、天然气、石油和石油产品，固体燃料和核能；支持加强能源基础设施建设，确保在安全和具有竞争力的条件下

① 参见 http://ec. europa. eu/dgs/energy/mission_en. htm。

② 参见 http://ec. europa. eu/energy/strategies/2010/2020_en. htm。

开发本土能源;确保市场能够实现统一的目标,尤其是在能源效率和可再生能源方面。推动和实施欧盟外部能源政策;促进能源技术的创新;为核能制定最先进的法律框架,涵盖安全、保障和防扩散保障措施;监督现行欧盟法律的实施并提出新的立法建议;鼓励交流最佳实践并向利益相关者提供信息。

所有这些工作都得到了来自竞争创新执行署(EACI)、[1]欧洲原子能供应机构(ESA)[2]和能源监管合作机构(ACER,2011 年 3 月开始运作)的专家的帮助。[3]

二、智能电网工作组

欧盟委员会于 2009 年年底成立了智能电网工作组。[4] 其使命是向委员会提供有关欧洲政策和监管框架的建议,以根据第三次能源改革方案[5]的规定来协调实施智能电网和智能计量系统的第一步。

该工作组由指导委员会和四个专家组组成:

- 专家组 1:智能电网标准咨询小组;
- 专家组 2:为智能电网环境中隐私、数据保护和网络安全问题提供监管建议的专家组;
- 专家组 3:为智能电网的部署提供监管建议的专家组;
- 专家组 4:部署智能电网基础设施的专家组。

三、能源监管合作机构

能源监管合作机构的使命和目标[6]

能源监管合作机构的使命和任务是由《第三能源改革方案》的指令和条例定义的,特别是建立机构的(EC)713/2009 条例。[7] 2011 年,能源监管合

---

① 现为:中小型企业执行机构(EASME),http://ec. europa. eu/easme。

② 参见 http://ec. europa. eu/euratom。

③ 参见下文,第二章第四节第三小节。

④ 参见 http://ec. europa. eu/energy/en/topics/markets-and-consumers/smart-grids-and-meters/smartgrids-task-force。

⑤ 参见上文第第二章第三节第一小节第(二)点。

⑥ 参见 http://www. acer. europa. eu/The_agency/Mission_and_Objectives/Pages/default. aspx。

⑦ 2009 年 7 月 13 日欧洲议会和理事会第 713/2009 号条例(欧共体)设立了能源监管合作机构,欧盟官方公报 L 211,14. 8. 2009,第 1—14 页。

作机构根据(EU)1227/2011 条例接受关于批发能源市场的完整性和透明度①的额外任务,以及 2013 年关于跨欧洲能源基础设施准则的第 347/2013 号条例(EU)。②

能源监管合作机构的总体使命,正如在其成立法规中所表明的那样,是补充和协调欧盟层面的国家能源监管机构的工作,并努力完成对单一的欧盟电力和天然气能源市场的建设。

能源监管合作机构在制定欧盟范围的网络和市场规则方面发挥着核心作用,其目的是加强竞争力。该机构整合有利于市场一体化的区域性和跨区域性举措;并监控欧洲传输系统运营商网络(ENTSO)的工作,特别是其在欧盟范围内的网络发展计划。最后,它监测一般天然气和电力市场的运作,尤其是批发能源的交易。

四、欧盟或欧洲经济区的国家监管机构

欧盟/欧洲经济区成员国[a]	机构	网址
奥地利	能源控管署	www. e-control. at
比利时	电力和天然气监管委员会	www. creg. be
保加利亚	国家能源和水资源管理委员会	www. dker. bg
克罗地亚	能源管理局	www. hera. hr
塞浦路斯	能源管理局	www. cera. org. cy
捷克	能源监管办公室	www. eru. cz
丹麦	丹麦能源管理局	www. dera. dk
爱沙尼亚	爱沙尼亚竞争管理局	www. konkurentsiamet. ee
芬兰	能源市场管理局	www. energiamarkkinavirasto. fi
法国	能源监管委员会	www. cre. fr
德国	联邦经济事务和能源部	www. bundesnetzagentur. de
希腊	能源监管机构	www. rae. gr
匈牙利	匈牙利能源办公室	www. eh. gov. hu

① 2011 年 10 月 25 日欧洲议会和理事会关于批发能源市场的完整性和透明度的第 1227/2011 号条例,欧盟官方公报 L 326,2011 年 12 月 8 日,第 1—16 页。

② 2013 年 4 月 17 日欧洲议会和理事会的第 347/2013 号条例,关于跨欧洲能源基础设施准则,废除第 1364/2006/EC 号决定以及修订第(EC)713/2009,(EC)714/2009 和(EC)715/2009 号法规,欧盟官方公报 L 115,2013 年 4 月 25 日,第 39—75 页。

（续表）

欧盟/欧洲经济区成员国[a]	机构	网址
冰岛	国家能源署	www. os. is
爱尔兰	能源管理委员会	www. cer. ie
意大利	电力与天然气监管机构	www. autorita. energia. it
拉脱维亚	公共事业委员会	www. sprk. gov. lv
立陶宛	国家价格和能源管理委员会	www. regula. lt
卢森堡	卢森堡管理局	www. ilr. lu
马耳他	马耳他资源局	www. mra. org. mt
荷兰	荷兰消费和市场管理局	www. acm. nl
挪威	水资源和能源局	www. nve. no
波兰	波兰能源管制局	www. ure. gov. pl
葡萄牙	能源服务管理局	www. erse. pt
罗马尼亚	国家能源规划局	www. anre. ro
斯洛伐克	网络行业监管办公室	www. urso. gov. sk
斯洛文尼亚	斯洛文尼亚共和国能源局	www. agen-rs. si
西班牙	国家能源委员会	www. cne. es
瑞典	能源市场稽查局	www. ei. se
英国	天然气与电力市场办公室	www. ofgem. gov. uk

[a]参考网址：http://www. entsog. eu/national-regulatory-authorities-nras。

五、选取的欧洲机构和工业协会

	名称	网址
CEDEC	欧洲地方能源公司联合会	http://www. cedec. com
CEER	欧洲能源监管委员会	http://www. ceer. eu
EDSO	欧洲配电系统运营商	https://www. edsoforsmartgrids. eu
ENCS	欧洲网络安全合作组织	http://www. encs. eu
ENTSO-E	欧洲输电系统运营商网络	https://www. entsoe. eu
ENTSOG	欧洲输气系统运营商网络	http://www. entsog. eu
ESMIG	欧洲智能计量工业组	http://www. esmig. eu
EURELECTRIC	欧洲电力工业联盟	http://www. eurelectric. org
EUTC	欧洲公共事业电信联合会	http://www. eutc. org
GEODE	独立的电力和燃气分销公司	http://www. geode-eu. org
SEDC	智慧能源需求联盟	http://sedc-coalition. eu

六、选取的欧洲标准化机构

	名称	网址
CENELEC	欧洲电工标准化委员会	http://www.cenelec.eu
ETSI	欧洲电信标准协会	http://www.etsi.org

第五节　欧盟个人数据保护的法律框架

一、欧盟数据保护法的背景

Raymond Wacks 的文章，《隐私：非常简短的介绍》(2010 年)[8]

在最广泛的层面上，隐私的概念包含了内心期许的独立自主与自由——即不受制于他人的窥视。这种窥视超出了打探与公开我们赖以保持亲密关系与不受国家干预自主之理的“空间”。[……]

无论如何，很明显我们保护隐私的核心关注点是个人与社会关系。一旦我们承认公共领域和私人领域是分离的，我们就会假设在一个社区中，不仅这样的划分是有意义的，而且还有公共机构建筑物使得解释这种划分成为可能。

Louis D. Brandeis 和 Samuel Warren 的文章，《论隐私权》(1890 年)[9]

随着文明的进步，生活的强度和复杂性使得人们必须从世界中退出，在精炼的文化内涵的影响下，人们对宣传变得更加敏感，因此孤独和隐私对个人来说变得更加重要；但现代企业和发明以及通过侵犯人们的隐私，使其遭受精神痛苦和苦难，这远远超过单纯的身体伤害所造成的痛苦。

“隐私”的概念在不同的学科和文化中有所不同——从社会学和人类学到应用伦理学和计算机科学——但从法律角度来看，“隐私”被认为是一项基本权利，并受到多层面的保护。① 特别是：

- 在国际层面，隐私权受到《世界人权宣言》(1948 年)第 12 条的保

① 关于隐私和数据保护的进一步阅读参见参考文献[8,10]。

护；[①]《世界人权宣言》作为一种标准并不具备法律约束力，相反《公民权利和政治权利国际公约》(1966年)第17条[②]是具有法律约束力的。

• 在区域层面，欧洲的法律保护制度以《欧洲人权公约》第8条[③]和某些针对具体部门的文书为基础，即《有关个人资料自动化处理保护个人公约》(第108号)[④]，并由相关监管机构的附加议定书进行补充(第181号)。[⑤]《欧洲人权公约》在斯特拉斯堡设立了欧洲人权法院[⑥]，审理个人对各国涉嫌违反《欧洲人权公约》的投诉；

• 在超国家层面，欧盟的保护是基于其条约，[⑦]《基本权利宪章》[⑧]和欧盟二级立法，即《指令》。《欧盟运行条约》第16条和《欧盟条约》第39条都承认数据保护的权利。《基本权利宪章》第7条规定了尊重私人和家庭生活的权利，其第8条规定了保护个人数据。位于卢森堡的欧盟法院(俗称ECJ)[⑨]确保统一适用欧盟法律；

• 在国家层面，几乎所有西方民主国家都在其国家宪法中保护这两项权利。

条约中欧盟宪法条款在二级立法中进一步规定，目前包括五项主要法律文书：

• 1995年《数据保护指令》；[⑩]

• 2002年《电子隐私指令》，[⑪]由第2006/24/EC号指令和第2009/136/

---

① 参见 http://www.un.org/en/documents/udhr/。

② 参见 http://www.ohchr.org/en/professionalinterest/pages/ccpr.aspx。

③ 《保护人权与基本自由公约》，由第11号和第14号议定书修订，1950年11月4日签订于罗马，《欧洲条约系列》第5号 http://conventions.coe.int/treaty/en/treaties/html/005.htm.

④ 《个人数据自动化处理中的个人保护公约》，1981年1月28日签订于斯特拉斯堡，《欧洲条约系列》第181号。http://www.conventions.coe.int/Treaty/en/Treaties/Html/108.htm.

⑤ 《关于个人数据自动处理过程涉及的各国监管机构与跨境数据转移的个人保护公约的附加议定书》，2001年11月8日签订于斯特拉斯堡，《欧洲条约系列》第181号。http://www.conventions.coe.int/Treaty/en/Treaties/Html/181.htm.

⑥ 参见 http://www.echr.coe.int。

⑦ 参见《欧洲经济共同体条约》(罗马1957年)。

⑧ 《欧盟基本权利宪章》欧盟官方公报C 326，2012年10月26日，第391—407页。

⑨ 参见 http://curia.europa.eu。

⑩ 1995年10月《欧洲议会和理事会关于涉及个人数据处理的个人保护以及此类数据自由流动的第95/46/EC号指令》，欧洲官方公报L 281，1995年11月23日，第31—50页。

⑪ 2002年7月12日欧洲议会和理事会关于在电子通信领域的个人数据处理及保护隐私的第2002/58/EC号指令(《隐私与电子通信指令》)，欧洲官方公报L 201，2002年7月31日，第37—47页。

EC 号指令修正；

- 2006 年《数据保留指令》；①
- 2008 年《数据保护框架决定》；②
- 第 45/2001 号条例。③

附件 2：世界范围内保护隐私和个人数据的法律框架

1948 年《世界人权宣言》

第 12 条

任何人的私生活、家庭、住宅和通信不得任意干涉，他的荣誉和名誉不得加以攻击。人人有享受法律保护，以免受这种干涉或攻击。

第 29 条第 2 款

人人在行使他的权利和自由时，只受法律所确定的限制，确定此种限制的唯一目的在于保证对旁人的权利和自由给予应有的承认和尊重，并在民主社会中适应道德、公共秩序和普遍福利的正当需要。

1966 年《公民权利和政治权利国际公约》

第 17 条

1. 任何人之私生活、家庭、住宅或通信，不得无理或非法侵扰，其名誉及信用，亦不得非法破坏。

2. 对于此种侵扰或破坏，人人有受法律保护之权利。

1950 年《欧洲人权公约》

第 8 条

1. 人人有权享有使自己的私人和家庭生活、住所和通信得到尊重的权利。

2. 公共机构不得干预上述权利的行使，但是，依照法律规定的干预以及

---

① 2006 年 3 月 15 日欧洲议会和理事会关于保留因提供公用电子通信服务或公共通信网络而产生或处理的数据以及修订第 2002/58/EC 号指令的第 2006/24/EC 号指令，欧洲官方公报 L 105，2006 年 4 月 13 日，第 54—63 页。最近，欧盟法院在 C-293/12 和 C-594/12 号联合案件中使《数据保留指令》失效，导致“对尊重私人生活以及保护个人数据等基本权利进行了广泛而特别严重的干涉，该干涉不受严格必要范围内的限制”，参见后文参考文献[11]。

② 2008 年 11 月 27 日欧洲理事会关于刑事案件中警察和司法合作框架中处理的个人数据保护的第 2008/977/JHA 号决定，欧洲官方公报 L 350，2008 年 12 月 30 日，第 60—71 页。

③ 2000 年 12 月 18 日欧洲议会和理事会关于在共同体机构和组织处理个人数据处理方面保护个人以及此类数据自由流动的第 45/2001 号条例，欧洲官方公报 L 8，2001 年 1 月 12 日，第 1—22 页。

基于在民主社会中为了国家安全、公共安全或者国家的经济福利的利益考虑，为了防止混乱或者犯罪，为了保护健康或者道德，为了保护他人的权利与自由而有必要进行干预的，不受此限。

2001 年《欧盟基本权利宪章》

第 7 条——私生活与家庭生活受尊重的权利

人人有权享有使自己的私人和家庭生活、住所和通信得到尊重的权利。

第 8 条——个人资料受保护的权利

1. 人人有权保护与他或她有关的个人资料。

2. 此类资料必须在特定目的下，并在有关人员同意或法律规定的其他合法基础上公平处理。每个人都有权访问已收集的有关他或她的资料，并有权纠正这些资料。

3. 遵守这些规则应受独立机构的管制。.

第 51 条第(1)款——宪章的适用范围

本宪章适用于：当欧盟各机关与组织在遵守补充性原则而行动时，以及当会员国在执行欧盟法时。

第 52 条第(1)款——宪章权利和原则的保护范围及其解释

行使本宪章所承认的权利和自由的任何限制都必须由法律规定，并尊重这些权利和自由的实质。在符合比例原则的前提下，只有在必要时才能进行限制，并且只有符合欧盟认可的一般利益目标或需要保护他人权利和自由时才能实施限制。

《欧盟运行条约》

第 16 条

1. 人人有权保护关于自身的个人资料。

2. 会员国在开展属于联盟法律范围内的活动时，欧洲议会和理事会应根据一般立法程序制定关于欧盟各机关与组织处理个人资料方面的个人保护规则，以及与此类资料的自由流动有关的规则。遵守这些规则应受独立机构的管制。

基于本条款通过的规则不应影响《欧盟条约》第 39 条规定的具体规则。

《欧盟条约》

第 39 条

根据《欧盟运行条约》第 16 条，理事会应通过一项决定，即成员国在开展属于本章(共同外交和安全策略的具体规定)范围内的活动时，制定有关个人资料处理方面的个人保护规则，以及与此类资料自由流动有关的规则。由独立机构对此类规则的遵守情况进行监督。

二、基本的数据保护术语

1995 年《数据保护指令》

第 2 条

定义

该指令的目的：

(a)"个人数据"指与已识别或可识别的自然人("数据主体")有关的任何数据；可识别的人是指可以直接或间接识别的人，特别是参照识别号码或者针对其身体、生理、心理、经济、文化或社会特征的一个或多个因素；

(b)"处理个人数据"("处理")是指对个人数据进行的任何操作或者一系列操作，无论是否通过自动方式，如收集、记录、组织、存储、改编或变更、检索、咨询、使用，传输泄露、传播或以其他方式提供，协调或组合、阻止、删除或破坏；

[……]

(d)"控制者"是指自然人或法人、公共机关、代理机构或者其他单独或与他人共同确定个人数据处理的目的和方式的任何机构；如果目的和处理方式由国家或社区法律或法规所决定，则控制者或其提名的具体标准可由国家或社区法律指定；

(e)"处理者"指代表控制者处理个人数据的自然人或法人、公共机关、代理机构或其他任何机构；

[……]

(h)"数据主体的同意"是指其给出的具体和知情指示的任何自由意愿，数据主体表示同意处理与其有关的个人数据。

三、数据保护原则

(一)一般数据保护原则

欧盟数据保护框架为处理个人数据建立了"五层"原则。第一层包含许多适用于处理任何个人数据的一般原则。因此，这些数据必须遵循以下原则：

- 公平合法——1995 年《数据保护指令》第 6(1)(a)条；
- 数据最小化；

因特定的、明确的及合法的目的而收集——第6(1)(b)条;

——仅处理为达到目的的最少数据——第6(1)(b)条;

——储存数据的期限不得长于为达到目的所需的时间——第6(1)(c)条(隐含地)。

- 数据质量

——收集与/或进一步处理与目的有关的充足、相关联、不过量的数据——第6(1)(c)条;

——准确,并且必要时更新数据——第6(1)(d)条;

- 至少满足以下中的一项,处理数据才是合法的——第7条

——数据主体明确同意;

——处理数据是为签订或履行合同所需的;

——处理数据是遵守法定义务所需的;

——处理数据是为了保护数据主体的切身利益;

——处理数据是为了公共利益或行使政府授予的权力;

——处理数据是为追求数据控制者的合法利益。

- 数据匿名——第6(1)(e)条

——允许识别数据主体储存数据的期限不得长于为达到目的所需的时间。

- 保密性——即“任何在控制者或处理者授权行事下的人,包括有访问权限的处理者本人,除了控制者指示外,不得处理他们的个人资料,除非法律要求这样做”——第16条;

- 安全处理——即需要适当的技术与组织措施来保护个人数据免遭意外或非法破坏或意外丢失、更改,未经授权的披露或访问,特别是在处理涉及通过跨网络传输数据的情况下,以及所有其他非法处理的形式——第17条。

- 通知有关监管机构——即在进行任何全部或部分自动处理的操作时,控制者必须通知国家监管机构——第18(1)条;除了某些特殊情形,例如,任命内部数据保护官员——第18(2)条。

(二)敏感数据的处理

除此之外,1995年《数据保护指令》为敏感数据引进了更严格的和禁止性的制度。因此,作为第二层,除非满足下面列出的特殊保护措施,否则禁止处理特定类别的数据。

这些数据包括揭示种族或民族血统、政治观点、宗教或哲学信仰、工会会员资格以及处理有关健康或性生活的数据[第8(1)条]。

第8(2)条列举了本规定的例外情形(安全措施),即:

- 数据主体明确同意;
- 雇佣法领域的义务;
- 数据主体在身体上或法律上无法表示同意的情况下,保护数据主体的切身利益;
- 基金会、协会或任何其他非营利机构的合法活动;
- 个人数据由数据主体明显公开时;
- 预防医学、医疗诊断、护理或其他治疗的目的——第8(3)条。

出于重大公共利益的原因,成员国除了上述内容外[第8(4)条]还可能会规定免责事由。处理与犯罪、刑事定罪或安全措施有关的数据只能在官方机构的控制下进行[第8(5)条]。允许仅为新闻目的或者艺术或文学表达目的而处理个人数据(第9条)。

(三)向欧洲经济区之外转移个人数据

作为第三层,禁止在没有足够保护水平的情况下将个人数据转移到欧洲经济区[1]以外的国家(第25条),除非包含以下特殊情形之一——第26(1)条:

- 数据主体明确清楚地同意;
- 合同或者先合同措施;
- 为了数据主体的利益,控制者和第三方之间签订合同;
- 重要公共利益;
- 数据主体的切身利益;
- 从公共登记册转移;
- 成员国授权——第26(2)条。

由欧盟委员会决定哪些司法管辖区提供足够的保护水平[第25(6)条]。[2]

---

① 由于欧洲一体化相对比较复杂,欧洲经济区由欧盟(即28个成员国)以及挪威、冰岛和列支敦士登组成,并在缔约方之间提供货物、人员、服务和资本的自由流动。相反,瑞士与欧盟/欧洲经济区保持着双边关系。

② 现有清单可以在该网站找到 http://ec.europa.eu/justice/policies/privacy/thridcountries/index_en.htm。

（四）特定部门的规则

第四层由特定部门的规则组成，由《电子隐私指令》和《数据保留指令》以及自我规范制定。《电子隐私指令》规定了电子通信领域的个人资料处理和隐私保护，即交通和位置数据。《数据保留指令》最近失效，[1]规定了有关公共通信服务和公共通信网络的数据保留期。[2] 在自我监管方面，《数据保护指令》允许制定"旨在促成适当实施（数据保护框架）的行为守则，同时考虑到各个部门的具体特点"[第27(1)条]。

（五）数据主体和数据控制者之间的特定法律关系

第五层涉及数据主体和数据控制者之间的特定法律关系，例如，由合同建立。

四、关于个人处理数据的权利

数据主体在处理其个人数据方面具有以下权利：

- 以明确易懂的语言被告知其个人数据处理情况——第12(a)条；
- 访问个人数据——第12(a)条；
- 有权更改任何错误或不完整的信息——第12(b)条；
- 某些情况下，有权以合法理由反对数据处理——第14条；
- 有权不受自动决定的影响，旨在评估关于数据主体的某些个人方面，例如，工作中的表现、信誉、可靠性——第15条；
- 有权获得司法补救并从数据控制者处获得任何损害赔偿（不可抗力因素除外）——分别是第22至23条数据主体的这些权利对应于数据控制者的义务；
- 确保充分遵守数据主体的权利；
- 确保遵守数据最小化原则；
- 确保遵守使数据处理成为合法的标准（例如，同意或履行合同）；
- 保障数据处理的机密性；
- 保障数据处理的安全性；
- 通知国家数据保护机构处理个人数据（数据处理局）；

---

① 2000年12月18日欧洲议会和理事会关于在共同体机构和组织处理个人数据处理方面保护个人以及此类数据自由流动的第45/2001号条例，欧洲官方公报L 8，2001年1月12日，第1—22页。

② 尽管在2014年4月失效，但此处仍将《数据保留指令》提及为颁布的国家法律，在执行该指令时暂时依然有效，除非国家高等法院撤回或无效。

• 如果转移到第三国——确保这些国家是否提供足够的保护水平（整体上）。

五、欧盟数据保护框架的改革

自 2012 年 1 月以来，欧盟数据保护框架正在进行实质性的改革。[①] 拟议的新框架被认为是：[②]

加强对在线隐私权的保护并促进欧洲数字经济。技术进步和全球化极大地改变了我们收集、访问和使用数据的方式。[……]单一法律将废除目前碎片化和代价高昂的行政负担[……]。该计划将有助于增强消费者对在线服务的信心，为欧洲的增长、就业和创新提供急需的推动力。[……]

改革中的主要改变包括以下几点：

• 一套有关数据保护的规则在整个欧盟范围内有效。将删除不必要的行政规定，例如，公司的通知要求。[……]

• 该法规规定了数据处理者的问责制，替代公司目前将所有数据保护活动告知数据保护监管者这项义务。

• [……]公司和组织必须尽快（如果可行的话，在 24 小时内）向国家监管机构通知严重的数据泄露事件。

• 公司主成立地所在国家的监管机构将作为主导监管机构对企业负有监管义务。同样地，人们可适用于本国的数据保护机构，即使其数据由位于欧盟以外的公司处理。无论何处，数据处理需要获得同意，必须是明确表示而非假设。

• 人们将更容易访问个人资料，并能够更轻易地将个人数据从一个服务提供商转移到另一个（数据可移植性的权利）。[……]

• "被遗忘权"将帮助人们更好地管理在线数据保护的风险：如果没有保留数据的合法依据，人们将能够删掉个人数据。

• 如果个人数据由活跃在欧盟市场并向欧盟市民提供服务的国外公司处理，必须适用欧盟规则。

---

① 欧洲委员会，欧洲议会和理事会关于个人数据处理和此类数据自由流动的个人保护条例的提案（《一般数据保护条例》），布鲁塞尔，2012 年 1 月 25 日，COM(2012)11final；以下简称欧盟《一般数据保护条例》。

② 欧盟委员会，委员会提议全面改革数据保护规则，以增强用户对其数据的控制并降低企业成本，新闻稿，IP/12/46，布鲁塞尔，2012 年 1 月 25 日。http://europa.eu/rapid/press-release_IP-12-46_en.htm。

• 将加强独立的国家数据保护机构，以便他们能够更好地在国内执行欧盟规则。将授权他们对违反欧盟数据保护规则的公司进行罚款。这些罚款可能高达100万欧元或者公司全球年营业额的2%。[……]

本着问责制原则的精神，拟议的框架引进了为特定处理操作强制进行数据保护影响评估的要求。正如下文第二章第七节所示，数据保护影响评估构成了欧盟智能电网和智能计量系统中实现个人数据保护目标的主要方法。

关于欧洲议会和欧洲理事会就个人数据处理及数据自由流动时的监管个体保护的提议(《通用数据保护条例》)(2012年)

第33条

数据保护影响评估

1. 如果处理操作因数据主体的性质、范围或目的而对其权利和自由构成特定风险，则代表控制者或代表控制者行事的处理者应对保护个人数据所设想的处理操作的影响进行评估。

2. 以下处理操作尤其具有第1款所描述的具体风险：

(a)对有关自然人的个人方面进行系统和广泛的评估，特别是分析或预测自然人的经济状况、地点、健康、个人喜好、可靠性或表现，这是基于自动化处理并且相应的措施会产生有关个人的法律效力或极大地影响个人；

(b)有关性生活、健康、种族和民族或提供医保，流行病学研究或者精神病或传染病调查的相关信息，其中处理数据以便大规模地针对特定个体采取措施或决定；

(c)监测可公开访问的区域，特别是在大规模使用光电设备(视频监控)时；

(d)关于儿童、基因数据或生物计量数据的大规模档案系统中的个人数据；

(e)需要与监督机构协商的其他处理操作[……]。

3. 评估应至少包含所设想的处理操作的一般说明，对数据主体的权利和自由的风险评估，所设想的处理风险的举措，包括保障措施、安全措施、确保个人数据保护安全的机制以及说明数据主体权利和立法利益方面的合规性举措。

4. 管理者应在不损害商业或公共利益保护或处理操作安全性的情况下，征求数据主体及其代表对预期处理的意见。

在撰写本文时(2014 年 11 月),欧洲议会和理事会仍对该提案进行审议。据估计,该法案将于 2015 年年初通过并于 2016 年或 2017 年生效。

第六节 智能电网和智能计量系统与数据保护法的相互作用

一、数据保护法在智能电网和智能计量系统中的应用

欧盟数据保护框架对个人数据处理提出了很大的限制。由于智能电网和智能计量系统不可避免地将个人数据处理作为其日常技术处理的一部分,并且真正从该处理中获得附加值,因此需要在这种情况下对其进行验证,至少就欧盟应用而言是这样。

欧盟以外的司法辖区也提出了数据保护(信息隐私)问题:美国机构已经确定了有关个人数据处理引起的隐私问题[12]。但是,接下来的分析将仅关注欧盟数据保护模型,因为其强加了正式的处理要求以及欧盟层面所采取的大量工作,从而创建一个足够详细的综合监管环境以便协助其他司法辖区。这些属于:

(a)行为主体的角色;

(b)他们的义务;

(c)监管和监督;

(d)个人权利和救济。

随后的分析将围绕上述主要个人数据处理问题而展开。笔者认为,在以某种方式承认信息隐私权的司法辖区内,任何智能电网的实施将不可避免地必须解决上述核心问题。虽然欧盟范式来自只有在境外少数几个司法管辖区内才能实现的正式和严格的数据保护规则,但它被认为有助于识别潜在的挑战并至少提供一种论证关于如何在平衡行业利益和个人利益的同时最好地解决这些挑战。

在尝试上述情况时,应考虑解决一些数据初步保护问题:这主要涉及数据保护法规适用的事实,因为智能电网实施中正在处理个人数据。① 鉴于追

① 见欧盟《数据保护指令》第 2 条、第 29 条数据保护工作组关于智能计量的第 12/2011 号意见(2011 年 4 月 4 日),第 7 页,进一步参见参考文献[13]。

溯数据来源在技术上通常是可行的，这应该也是指匿名（或虚假）数据。考虑到《通用数据保护条例》的适用问题（但是，下文讨论了从此类处理中获取敏感数据的问题），其他涉及数据收集的种类和类型的技术问题对于该分析无关紧要。这同样适用于更加专业化的问题，例如，电子通信监管是否也适用或者是否需要对跨境数据流进行监管，因为这些问题需要特别解决。相反，接下来的分析旨在确定智能电网实施面临或必然面临的更广泛的数据保护问题，并且可能需要在电网实施的第一步后解决。

二、数据处理者和数据控制者二者之间的区别

参与智能电网服务链的行为主体众多——从输电系统运营商到配电系统运营商——他们的角色在实施细节上可能有很大的差异。然而，智能电网系统内的角色分配对于数据保护规定的适用十分重要。1995 年《数据保护指令》区分了数据控制者和数据处理者，特别是仅将前者置于其监管范围内（参考第二章第五节第二小节）。相应地，唯有控制者有责任将法律适用其数据处理过程中。[①] 因此，充分适用数据保护法规对于区分不同行为主体至关重要。

在这种情况下识别问题仅用于证明其复杂性。即使在既定的处理环境中，区分数据控制者和数据处理者也受到挑战，有时需要由法院解决。[②] 鉴于典型智能电网系统的参与人数，可能是他们在相关合同框架中描述的自己的角色和义务划分，不会受到当地数据保护机构和相关个人的质疑或检验。实施方案可能因不同国家而异，这一事实无助于协调或至少采用协调的方法。

第 29 条工作小组是一个独立的欧盟个人数据保护咨询机构，其试图通过参考由能源供应商、网络运营商和“其他方”组成的简单智能电网模型来解决这个问题。“其他方”表示众多“履行其在安装智能电表的计划中的作用这一过程中可能正在处理个人数据的各方”。在这种情况下，虽然预计能源供应商将构成管理者，但是网络运营商也可能是（但同样可能不是）这样。另外，“其他方”预计超出分类范围，因此仅提醒其基本的数据保护原则，即

---

① 《数据保护指令》第 6.2 条。

② 例如，这是搜索引擎的情况，虽然相关运营商显然认为自己是数据保护目的的处理者，但仅在 2014 年年初，欧盟法院才明确表示他们也需要被认为是数据控制者［参见欧盟法院，Google Spain SL 和 Google Inc. vAgenciaEspañoladeProtecciióndeDatos（AEPD）和 MarioCostejaGonzález，C-131/12］。

任何决策或任何自私的个人数据处理意味着它们将从(显然首选)处理器状态中自动排除。2012年《建议》中也承认角色分离的重要性,然而,当要求"明确确定数据控制者和数据处理者的作用和责任,其应符合第95/46/EC号指令(1995年《数据保护指令》)中规定的各自义务"[①]时,成员国差不多放之任之。

虽然好像无法采用所有欧盟成员国在角色分离方面的统一方法,但是至少在智能电网系统部署的这个阶段,迄今为止发布的文本和文书最多可以作为指导,对于这些系统来说,甚至从起草阶段开始考虑相关的法律要求。本地数据保护机构可以为此提供有价值的指导,因为即使在法院推荐的情况下,将来也会接受个人投诉以及处理相关文件,因此建议智能电网行业积极主动地处理此事。

三、目的限制原则

一旦确立了智能电网环境中的角色,数据控制者就需要确保在其个人数据处理中充分应用数据保护的规则与原则。尽管适用同一部法律(即1995年《数据保护指令》),但在欧盟范围内,这可能远不是一项简单直接的任务。首先,这是因为成员国采取多种数据保护规则的方法;其次,因为这些国家采取不同的智能电网实施方法。《欧盟一般数据条例》草案生效后,后一类困难将可能得到解决,尽管必须指出智能电网系统有望吸引专业的、次要的监管。[②] 但是,前面一类问题,即成员国采取多种数据保护规则的方法,预计不会在不久的将来得到解决,并且无论如何直到这些系统在会员国中得到普遍使用时才会得到解决。在这样的中间阶段,监管指导可能必须特别地进行,至少就个人数据处理而言,最有可能与当地的数据处理局有关。

预计将通过运用基本的欧盟数据保护原则,即目的限制原则,来实施对智能电网系统的实质性限制。根据相关规定,个人数据必须"出于特定、明确和合法的目的收集,不得进一步以一种与这些目的不相容的方式进行处理"。[③] 该原则本质上是对数据控制者施加具体义务的实际性原则,即仅出

---

① 参见2012年《建议》,第21段。

② 参见前文关于影响评估和认证的分析,分别在第二章第八节第五小节和第二章第八节第七小节。

③ 《数据保护指令》第6(1)(b)条。

于已知和声明的目的而收集和处理数据，并在服务后删除。因此，禁止将保留的这些原始收集的数据用于其他未申报和不相关的目的。在智能电网环境中，与目的相关的处理可能包括提供相关服务的所有阶段（系统的安装、操作和监控，包括计费），也许包括相同的有限营销，例如，但是最不可能为了安全或健康相关的目的而处理。以可识别的格式将这些数据进行保存的时间段十分重要，数据控制者可能需要向主管部门数据处理局证明这些数据的合理性。如果在提供智能电网服务时使用电子通信，则可能需要仔细查看相关规定（特别要注意，这是否是公共网络）。最后，可能会处理整合数据用以研究或更好的系统管理，但只有在个人数据匿名后才能执行。①

四、数据存储

数据存储与目的限制原则有关：个人信息，无论是存储在用户的电表中还是运营商的数据库中，均需要保存一段时间，具体时长将由相关处理的目的来决定。如上所述，该时间段可能会有很大差异，这取决于实际系统的操作：例如，为了使用和计费目的可能有几个月的存储期；而如果在智能电网连接和允许的情况下，为了安全相关的目的可能将数据存储更长时间。

五、公正合法地处理个人信息

根据 1995 年《数据保护指令》，“必须公平合法地处理个人数据”。② 这一标准既适用于数据收集阶段，也适用于实际数据处理阶段——事实上，除非考虑删除数据。③ 但公平性标准又与指令文本中的知情权有关。④ 合法性要求通常包括适当遵守所有适用的法律规定。因此，智能电网系统将必须遵守关于适用其处理的一般数据保护规定（目前，国家数据保护措施在不久的将来可能会被欧盟《通用数据保护条例》所取代）和给数据主体提供公平机会使其警醒和了解，以便在该处理方面得到适当的同意。在实践中，该原则设定了一般性的要求，预计会影响智能电网系统的设计（例如，向个人提供信息或者向系统提供数据时协助他们）和智能电网运行过程，从某种意义上说，数据控制者需要考虑一般数据保护立法并且在主管部门数据处理局

① 然而，关于智能电网环境中个人数据的匿名化，参见参考文献[14]。

② 《数据保护指令》第(6)(1)(a)条。

③ 《数据保护指令》第 2 条。

④ 《数据保护指令》第 11—12 条，序文 38 以及上文第二章第六节第九小节。

就其进行合规性检查前采取一切必要的行动。

六、比例原则

作为另一个基本的欧盟数据保护原则，个人数据处理需要与其目的成比例："个人数据一定：[……]足够，相关，且不会过度超过数据收集或进一步处理的目的"。[①] 尽管性质上比较笼统，但是比例原则可能用于对数据控制者施加具体义务，即以这种方式设计系统以便尽可能地不去处理关于他们所宣布的处理目的的信息。在智能电网环境下，比例原则的适用是有限的，因为它将严重影响系统的"智能性"；尽管从技术角度来看，随着越多数据馈送到系统中，系统也会变得更智能，但是数据保护法规对数据收集的类别进行了限制。安装在用户住宅内的智能电表仅允许收集为提供智能电网服务所需的数据，不允许收集其他可以增强服务的数据（虽然在该情形下需要谨慎利用个人同意）。比例原则可能时而与智能电网系统冲突，从定义上讲，智能电网系统希望扩大其处理范围以便学习和改善服务，因而数据处理局和管辖法院需要仔细衡量个人数据保护的权利和智能电网系统为个人提供更好的服务两者之间的关系。

七、数据质量

毫无疑问，智能电网系统所处理的数据应该"准确"且"最新"。[②] 实际上，在该情形下处理个人数据仅使用了最新且最相关的信息，这符合智能电网系统运营商与个人双方的利益。只有如此，智能电网系统才能充分发挥潜能，造福于所有相关方。因此，基本的欧盟数据保护原则——数据质量原则在欧盟实施智能电网系统时有望成为问题最少或最受欢迎的原则。

八、对智能电网数据控制者的监督

智能电网数据控制者的监督问题在欧盟数据保护管辖区内相对得到解决，因为当地数据处理局一般会承担所有相关任务。鉴于与智能电网有关的个人数据处理通常不希望跨越国境，设定此类主管部门将是一项简单任务。数据控制者，一旦正确识别（参考第二章第六节第二小节），将必须联系相关数据处理局，以便在系统内合法处理个人数据时建立他们所需采取的

---

① 《数据保护指令》第(6)(1)(c)条。

② 《数据保护指令》第(6)(1)(d)条。

必要步骤:在现行的欧盟制度下,该步骤可能包括从简单通知到事先协商再到事先获取许可证,譬如,某些情况下可能会从其系统中推断出敏感数据(例如,健康数据)。或许正是在这一点上,智能电网数据控制者可能发现困难:尤其是国际公司可能会发现自己需要履行不同欧盟国家的不同义务,而不管这些国家是否适用相同的基本法律(即1995年《数据保护指令》)。一旦欧盟数据保护条例生效,这些困难将得到解决。

然而,适用欧盟《通用数据保护条例》可能不是智能电网数据控制者所期待的万能药:规定中引入了一系列措施,其中大部分或许能适用智能电网的场景。如下所述(参考下文,第二章第八节),影响评估、认证,甚至通过设计保护隐私均可能在智能电网系统中变得相关。虽然这些要求已经在欧盟得到精简,旨在减轻当下的业务负担(主要是通知数据处理局),但是有望对智能电网数据控制者施加实质性的义务,在极端情况下,甚至可能需要重新设计已经部署的系统。

九、数据主体的权利范围和行使

欧盟数据保护框架的一个重要部分是为数据主体提供一套具体和可执行的权利,从而允许其监管和控制个人数据的处理。这些权利涉及个人权利:(1)被告知正在收集和处理其数据;(2)访问这些数据;(3)在他们认为该处理是非法的情况下,提出反对意见。这些权利同样适用于处理个人数据的智能电网和智能计量系统①。

(一)知情权

关于个人的知情权,1995年《数据保护指令》区分了数据主体自己提供数据的情况和第三方收集数据的情况。第一种情况下,数据控制者需要向个人通知——至少——以下内容:②

> 成员国应规定控制者或其代表必须或至少向收集其相关数据的数据主体提供以下信息,除非他已经知晓。
>
> (a)控制者或其代表的身份,如果有的话
>
> (b)数据处理所针对的目的

① 参见 https://secure.edps.europa.eu/EDPSWEB/webdav/shared/Documents/Consultation/Opinions/2012/12-06-08_Smart_metering_EN.pdf。

② 《数据保护指令》第11条。

(c)任何进一步信息,例如:

- 数据接收者或数据接收者的类别;
- 回答问题是强制的还是自愿的,以及不回答可能产生的后果;
- 是否存在访问和纠正与其有关的数据的权利。

考虑到收集数据的具体情况,这些进一步的信息是必要的,以保证对数据主体而言是公平处理。

在中介参与的情况下,信息清单是一致的。但是,欧盟法律补充道:①

未从数据主体获得数据的情况下,成员国应规定控制者或其代表在进行个人数据记录或者如果设想向第三方披露时,在不得迟于首次披露数据的时间内,向数据主体提供[第10条所列的信息]。

两种情况(即直接和间接的个人数据收集)可能与智能电网和智能计量系统环境相关。就直接的数据收集和处理而言,第11条中规定的列表设置了数据控制者需要直接提供给数据主体的最少信息。据推测,一旦他们达成提供服务的合同,该信息可能包含在其中一个或多个条款中。

当没有直接从数据主体获取信息时,例如,当个人数据在提供额外服务或者有必要运营特定智能电网系统的控制者之间交换时,事情没有预期的那么简单。在此情况下,引发如上所述的知情权;在此情况下,通过适用比例原则来保证灵活性。(成员国的实施措施在这方面有所不同,因而应该仔细检查)至于比例原则何时以及如何适用,最终显然是由相关数据处理局来判断。如果数据控制者没有找到共同点,那么管辖的国家法院预计会成为所有相关方寻求的最终渠道(这意味着个人也可以挑战当地数据处理局和智能电网工业已经达成的决策)。

(二)信息访问权

欧盟法律不仅为个人提供知道自己的数据正在被处理的权利:他们也可以获取该信息的副本。访问权是欧盟数据保护框架的核心部分——鉴于数据主体经常不被告知其数据正在被处理(例如,因为这是不成比例的行为)。因此,访问和获得数据控制者存储的数据副本的权利(因此也能询问是否确实如此)对于数据保护而言至关重要。

无论如何,一旦被问到,数据控制者有义务向数据主体提供以下信息:②

---

① 《数据保护指令》第11条第(1)款。

② 《数据保护指令》第12条。

成员国应保证每个数据主体都有权：

(a)在合理的时间间隔下，有受延迟地、无须过度费用开支，即从数据控制者处获得对本人数据的处理情况：

- 确认是否正在处理与他有关的数据、处理的目的、相关数据类别以及向其披露数据的接收者或接收者类别的信息。
- 以可理解的形式告知他正在处理的数据和任何有关其来源的可用信息。
- 了解任何自动处理与他有关的数据所包含的逻辑[……]。

这是一项需要智能电网数据控制者也需密切关注的权利。必须建立访问个人数据的机制，并且在与用户签订相关服务合同时，最好在合同内说明关于访问个人数据的细节条款。对于那些没有与处理其数据的数据主体建立起直接联系的数据控制者而言，需要与维护该关系的其他数据控制者共同设计访问机制。在这种情况下，主要想法是个人（与数据处理局一样，因为他们监管这项义务的遵守情况）需要确立他们的数据被发现的位置并且能够获得其副本。出于计费目的保留的数据可以成为一个有用的工具（如果智能电网过程中涉及电子通信服务，也可能适用特别的数据保留规则）。

同样考虑到1995年《数据保护指令》的附加要求，即个人被告知（并且也能反对）自动决策系统中的逻辑（因为智能电网系统可能被特征化），数据控制者在制定内部政策①的同时，将很可能受益于与当地数据处理局的密切合作。

1. 如果一项对数据主体产生重要影响的法律决策（例如，工作表现、信用、可靠性、行为特征等）系完全基于自动化处理的个人数据，那么数据主体有权否定其效力。

2. 成员国应当依据本指令的其他条款规定个人可以受第1款所规定的有关决定约束，如果该规定：

(a)在订立或者履行合同的过程中作出，主要数据主体所提出的订立或履行合同的要求得到满足或者有适当的措施来保护其合法权益，例如，允许其表达其观点的安排；

(b)由规定保护数据主体的合法权益的措施的法律作出授权。

最后，还应该注意到，在智能电网系统的情况下获取信息很可能需要访

① 《数据保护指令》第15条。

问用户的数据文件①(出于财务或其他考虑):虽然该选择绝不会替代上述智能电网数据控制者的法律要求,但是能够增强智能电网环境的一般数据保护目的。

(三)反对权

一旦数据主体意识到其个人数据正在被处理并且也从中获得了副本,1995年《数据保护指令》允许他们在有(合法)理由的情况下提出异议,根据第14条(a)款,数据主体有权:

[……]除非国家立法另有规定,否则在任何时候可用与他特定情况有关的令人信服的合法理由来反对处理与其有关的数据。如果存在合理的异议,由控制者发起的数据处理则可能不再涉及这些数据。

他们也可以选择检查是否已执行合法的纠正请求:②

[……]数据主体有权从控制者处获得:[……]

(b)适当纠正、删除或阻止处理过程不符合本指令规定的数据,尤其是因为数据本身不完整或不准确。

(c)通知向其披露遵照(b)的任何纠正、删除或阻止数据的第三方,除非证明这是不可能的或者是不成比例付出。

因此,反对权归结为对个人的特殊保护:如果相关人员无法根据结果给出反应,那么信息和获取将是不完整的。

在智能电网环境下,纠正请求可能基于不同的理由和环境,从纠正数据控制者系统中存储的错误个人数据的基本应用,再到关于数据控制者完全处理信息的权利的争议。因为反对权本质上是一项实际权利,基于对其之前的信息和获取权利的充分行使和调查结果,难以预测有关用户的实际做法。智能电网数据控制者显然需要能够遵守合法要求:他们必须同样准备好在主管数据保护机构面前,以及必要时,在法庭面前反驳并非基于法律或者威胁不成比例的限制定义上的"智能"电网处理能力的主张。

十、处理的合法基础——用户同意

个人数据的处理不仅要符合本章所包含的原则,而且还必须符合1995

① 正如英国的情况一样,参见"能源公司同意开发新型数据共享系统",http://www. privacy-laws. com/UK_enews_June14_1。

② 《数据保护指令》第12条。

年《数据保护指令》第 7 条的规定。

第 7 条

[使数据处理合法的标准]

成员国应规定仅在下列情况下才能处理数据：

(a)数据主体已经明晰的表示同意；

(b)处理是对履行数据主体参与的合同之必要，抑或处理是因数据主体在签订合同前的请求而采取的措施；

(c)处理是对控制者遵守法律义务之必要；

(d)处理视为保护数据主体切身利益之必要；

(e)处理是为履行为公共利益或控制者既定的官方权力或是披露数据的第三方的任务之必要；

(f)处理是控制者或第三方或者披露数据的各方所追求的合法权益之必要，除非该利益被数据主体的基本权利和自由的利益推翻[……]。

虽然个人同意本身不是数据保护原则，但它是欧盟基本数据保护法的概念。该同意必须是“自由给出具体和知情的个人意愿的指示，数据主体表示同意处理与他有关的个人数据”。① 但是，在智能电网环境中，它可能证明是不合适的，主要是因为相关个人可以随意撤回。这就是为什么合同履行的合法依据可能更与智能电网的目的相关：一旦个人申请或已经签订了提供智能电网服务的合同，这可能构成一个更相关的管理同一个人的数据处理的法律依据（也意味着相关合同规定应适用同一目的）。② 无论如何，应该指出的是，建立法律依据并不一定意味着基本数据保护原则③不再适用——相反，为了使个人数据处理合法，应该满足这些原则设置的法律依据和一般要求。在智能电网环境中，个人同意意味着个人在签订相关订购合同之前可以获得有关处理的一切信息（即时起，合同条款将适用）。此外，签订该合同必须确实是“免费的”，这意味着大部分人口除了进入智能电网系统之外别无选择的全面措施，只有在与主管数据处理局事先协商后才能实施，除非供应商希望为个人提供拒绝的选项以及继续接受相关服务的有意义的替代方案。

---

① 《数据保护指令》第 2 条。

② 参见 https://secure.edps.europa.eu/EDPSWEB/webdav/shared/Documents/Consultation/Opinions/2012/12-06-08_Smart_metering_EN.pdf。

③ 《数据保护指令》第 6 条。

十一、数据主体处理的安全性和机密性

安全问题对于数据保护和智能电网目的而言至关重要。关于数据保护,1995 年《数据保护指令》中明确规定:

第 17 条

处理的安全性

1. 成员国应规定,控制者必须采取适当的技术与组织措施以保护个人数据不受意外或非法破坏或意外丢失、变更、未经授权披露或获取,特别是处理过程涉及通过网络传输数据的情况,以及其他一切非法形式的处理。

考虑到最新技术水平以及实施成本,这些措施应确保其安全水平适合于其处理所代表的风险以及所保护的数据的性质。

因此,数据控制者必须仔细选择其数据处理者并与他们签订书面合同。[①] 此外,目前在《电子隐私指令》下,但是在不久的将来在所有个人数据处理实例中,个人数据泄露需要通知数据保护机构,或许还需要通知公众。[②] 因此,数据保护框架认真对待处理的安全问题——数据控制者仅有的灵活性是关于安全措施可能与风险成比例的事实"以处理和所保护的数据的性质为代表"。

系统安全性在智能电网环境中也很重要。系统漏洞可能会影响从个人数据保护到国家安全的任何事情。因此,非法使用系统可能构成从数据保护侵犯到计算机犯罪或国家安全问题的任何事情。强调上述内容是为了证明处理的安全性在任何情况下都是参与相关服务提供的所有各方关注的焦点。

鉴于智能电网过程中无处不在的安全问题,可以预计数据保护问题将在所采用的一般安全策略中得到解决。比例原则预计也会有助于系统供应商:因为处理的个人数据的性质预计不会对个人有特别的威胁(当然除非这些敏感数据被收集或作为健康数据处理),为解决更高的系统风险(如与控制国家电网系统、网络犯罪、国家安全有关的风险)所采取的安全措施预计也足以涵盖数据保护问题。无论如何,在实施智能电网系统时,可能需要来自不同阶段的数据控制者的诸如影响评估或安全策略等数据安全附件。

---

① 《数据保护指令》第 17 条第(2)—(4)款。

② 参见欧盟《一般数据保护条例》的第 31—32 条。

第七节　智能电网和智能计量系统中个人数据保护的非约束性欧盟监管框架

一、意见与建议

第一部分概述了欧盟监管智能电表和智能电网系统的基本原理(第二章第二节);第二部分描述了这些系统的一般监管框架(第二章第三节);第三部分重点分析了智能电网和智能计量系统中保护个人数据的具体的欧盟监管框架。

欧盟及其成员国的政策制定者相对较早地发现,必须适当解决智能电网和智能计量系统的部署所引起的隐私和数据保护问题。从 2010 年起,个人数据保护与成本效益分析、技术问题、网络安全和环境保护等成为同等重要的问题。

截至撰写此书时,欧盟层面还没有解决智能电网和智能计量系统中个人数据保护的约束性文书。欧盟选择"轻型化"监管方法,首先向欧盟成员国提供指导;其次向欧盟运营的数据控制者和处理者提供指导。这种方法的有效性可能值得怀疑。

电信数据保护国际工作组("柏林集团")和第 29 条工作组是最早表达对智能电网和智能计量系统环境中的隐私和数据保护感兴趣的工作组之一。早在 2011 年,在《第三能源一揽子计划》[参考上文第二章第三节第一小节第(二)点]生效的同时,第 29 条工作组已经在该领域发表了开创性意见。这是阐述由智能电网和智能计量系统引起的欧洲个人数据保护相关法律问题的首批文书之一。

电信数据保护国际工作组,隐私设计与智能计量:将个人信息最小化以保护隐私(2011 年)①

1. 智能计量方案应在整体项目治理框架中采用隐私原则并主动将隐私要求嵌入其设计中,以防止发生隐私侵入事件。

---

① 参见 http://www.datenschutz-berlin.de/attachments/842/675.43.18_WP_Privacy_and_Smart_Metering.pdf。

公用事业公司应该进行隐私影响评估(PIAs)或将类似的类型评估作为智能计量方案的部分要求和设计阶段。在该评估中,应该考虑两个重要因素。首先,公用事业公司应该确定满足合法目标需要哪些智能计量信息(以及可识别性在什么水平),而非智能计量可以获得什么信息,随后,应建立机制,使消费者能够控制任何可用的非必要信息。其次,只有确定目的所需的个人信息才能通过智能电表离开消费者的家。为了确保消费者始终保持对其数据的控制,他们必须充分掌握迁移的数据。他们应该能够确定发送哪些数据并在必要时进行干预。

一些研究表明,公用事业公司可能不需要个人消费者的详细能源消耗信息来执行负载平衡功能。为了实现尽可能少的个人数据流,公用事业公司可以使用诸如匿名化、假名化或数据联合之类的技术。小户型住宅或小型社区应适用本地网关,这允许消费者深入了解其能源使用情况而无须将可识别消费者的信息传输给公用事业公司。此类网关通常不应该是外部可访问的并且可以使用定义的访问保护配置文件,但是通信应该是基于推送(由网关启动)。其他措施,例如,个别读数之间的较大时间间隔,也可以防止产生对消费者生活方式的详细描述。当然,安全存储和访问数据的高技术标准将是至关重要的。

2. 理想情况下,智能电表应该默认保护隐私,而消费者方无须采取任何行动。

3. 隐私应成为智能电表系统和实践的基本设计特征。

……然而,隐私不能仅仅依赖立法或行政保护;也应将其设计到技术本身……

4. 智能计量方案应避免在隐私和其他合法功能或有组织性的目标之间进行不必要的权衡。

……不应强迫消费者在隐私和能源效率/保护之间进行选择……

5. 隐私和数据安全应该保持端到端的完整生命周期的保护。

基于智能电表的信息——尤其是个人可识别信息——应该受到强力保护,不管是休息还是在运输中。在数据传输(加密、匿名化、识别和保护元数据)以及处理和使用的过程中(最大限度地减少对数据的访问,确保第三方达到同等的保护标准,在使用生命周期结束后确保销毁等),这需要智能电网本身开发和实施数据保护(尽可能确保设备能够防篡改,以及不会存储超过必要的数据)。

6. 智能计量方案应该是可见的和透明的，并且应该利用可靠的业务实践；应该向消费者确保，该技术的运作符合既定的目标。

公用事业公司应能够证明将隐私纳入其智能计量方案的方法将满足项目的隐私要求。保证基本隐私原则和智能计量方案每个阶段之间的“需求的可追溯性”将能确保公用事业公司随时准备好进行第三方审核。

向消费者告知智能电表收集个人信息的用途并且建立清晰易懂的投诉流程，是实现可见性和透明度的关键目标。应为消费者提供简单的技术选项来定义访问控制配置文件，从而确定是谁接收了哪些个人信息。

7. 智能计量方案旨在尊重消费者隐私——始终以用户为中心。

应向消费者提供并教授一切必要的信息、选项和控制，以允许他们管理自己的能源消耗和隐私。

8. 监管框架应促进引入和使用隐私友好型的智能电表和智能电网应用。

上述建议中提出的概念应纳入国家和国际监管框架，但实际情况并非如此。

第29条工作组，第12/2011号关于智能计量的意见，WP 183(2011年)[1]

数据保护法在处理通过智能电表收集的数据中的应用

如果个人数据包含在智能电表生成和传播的信息中，工作组则确定第95/46/EC号指令适用于该类处理。

根据有关该主题可获得的一般信息以及国家层面关于智能电表运营的详细讨论，已经确定可以预设处理以下数据类型：

- 唯一的智能电表ID和/或唯一的属性参考号码(即使没有这些标识符，电表也能通过其唯一的能源负载图识别)；
- 元数据是指智能电表的配置；
- 描述正在传输的信息，例如，是抄表还是干预警报；
- 日期和时间戳；
- 消息内容。

消息内容可能包括以下几类信息：

- 电表寄存器读取，流读取可以是单一读数或者较为复杂的一组读数；

---

① 参见 http://ec.europa.eu/justice/policies/privacy/docs/wpdocs/2011/wp183_en.pdf。

- 警报。电表可能传输信息以通知某事件已触发电表的警报;
- 网络级信息,例如,电压、断电和电力质量;
- 具有各种细节级别的负载图。

数据可以实时发送给控制者或存储在智能电表中。然而,根据《数据保护指令》,在这两种情况下,认为数据已由控制者收集。

这份清单并非详尽,但是工作组注意到智能电网的运营——以及延展开来,智能电网和电器的任何进一步发展——需要处理第95/46/EC号指令第2条定义的以及工作组在第4/2007号意见中解释的个人数据。而且,正在处理的个人数据的增加,远程管理连接的可能性以及基于详细电表读数的能源分析的可能性使得必须适当考虑个人的基本隐私权。

已得出处理个人数据的结论是由于以下原因:

1. 以上列举的由智能电表生成的数据在大多数情况下与唯一标识符相关,例如,电表标识号;对于能源供应商的国内消费者而言,该标识符与负责该账号的生命个体密不可分。换句话讲,该设备能将个人从其他消费者中挑选出来。

2. 在智能计量服务的背景下收集的信息涉及消费者在能量使用情况下的能量分布图,并且将其用于作出直接影响该个体的决定;最明显的是,该决定将确定任何能源供应费用的水平,但不仅限于计费目的。

3. 如果考虑到广泛推广的智能电表实施的好处,例如,降低成员国的整体能耗,则进一步确认了此观点。显然,只有个体消费者的能耗降低,这样的目标才会实现。并且根据能源供应商和网络,实现该目标在很大程度上取决于大量收集关于消费者行为的信息。

数据控制者的定义适用于智能电表

已经确定,第95/46/EC号指令对数据控制者处理个人数据规定了义务。在阐述这些义务如何适用于该意见之前,工作组有必要提出其对哪些法人属于数据控制者定义的看法。

智能电表在个人数据处理上涉及很多组织,可能包括但不限于能源供应商、能源网络运营商、监管机构、政府机构、第三方服务提供商和通信提供商。鉴于关系的数量和复杂性,很可能在运用相关定义方面存在困难,但是本意见中的分析反映了工作组在其1/2010号意见关于数据控制者和数据处理者的概念中所采取的方法。因此,应该明确分配数据保护立法的责任,以便确保在实践中充分遵守数据保护规则。

能源供应商

在某些成员国,对处理个人数据承担最多责任的法人将是供应商。他们与发起处理的数据主体签订合同,并通过协商决定他们需要哪些数据来履行职能以及他们将如何收集、存储和使用该数据,明显可以说他们已经决定了处理个人数据的目的和方式。这使他们非常清楚地成为处理由电表生成的个人数据的数据控制者,并且工作组认为,尽管智能电表带来了额外的复杂性,但是供应商仍然是该语境中的数据控制者。

网络运营商或配电系统运营商(DSO)

在其他模型中,拥有电网的配电系统运营商将负责安装和运行智能电表系统。配电系统运营商还将负责确定如何收集、使用和存储数据。在此模型中,配电系统运营商是数据控制者。如果能源供应商有权访问电表传输的数据并将该数据用于自己的目的(例如,发布账单或给消费者提供建议),那么他们也将成为自己正在处理的个人数据的数据控制者。

其他方

还有很多其他方在履行其实施智能电表计划的职责时可能会处理个人数据。这些其他方中的一些可能直到处理大量个人数据造成明显影响时才会浮现出来,因此列出在这个阶段处理个人数据的其他方的确定清单是不谨慎的。记住各成员国供应模型和概念的变化也很重要。但是,如果各方对于如何运用数据控制者的定义没有达成共识,则合规性和良好实践无法实现的风险就会增加。出于此考虑,工作组将提醒各方以下几个重点:

1. 在一些实施模型中建立了中央通信功能,负责管理电表和供应商之间的数据传输。该功能有可能作为数据处理者存在,仅作用于指导供应商发送和接收数据。但是,如果在任何情况下通信功能用于决定个人数据是否披露给第三方或者该数据是否可以为了新目的处理,那么通信功能在个人数据处理方面可以承担数据控制者的角色。

2. 能源监管机构也是重要的参与者。他们可能出于制定政策和研究目的而访问数据。只要这些数据是个人数据,那么显然监管机构将承担数据控制者的角色。

3. 第三方服务提供商(通常称为能源服务公司或ES-CO)在使用智能电表生成的数据上将发挥越来越重要的作用。如果向能源服务公司披露个人数据以便他们向消费者或另一方(例如,供应商)提供服务,那么能源服务公司将承担数据控制者的角色。

处理的合法性以及处理的合法理由/目的

一旦确定将法人视为数据控制者，则有必要列出《数据保护指令》对数据控制者的法律要求。根据《数据保护指令》第 6 条规定，个人数据必须公平合法地处理。对于任何合法的个人数据的处理，需要满足《数据保护指令》第 7 条规定的六种合法处理理由中的一种或多种。

工作组注意到，即使不是在所有，也至少在很多成员国中，尚未绝对清晰恰当地定义对存储在智能电表或由智能电表传输的个人数据处理目的的确切性质。鉴于此，工作组将建议，在提出任何关于处理理由为合法的主张之前，需要确定这些目的。工作组同样注意到，每个单独目的本身都必须是合法的，并且一个合法目的不能使任何其他目的进一步合法化。具体而言，个人数据不能为了与原始收集目的不相容的其他目的而进行再处理。

工作组认为，在此情况下，数据控制者可能有五种可行的处理理由：

同意

显然，个人数据可被用于多种目的，这些目的有利于为数据主体提供增强型服务。例如，根据使用时间的收费或能源建议。如果数据主体已经同意接受此类服务，服务提供商（供应商或第三方）则很可能有机会获得数据主体对个人数据处理的同意。

工作组提醒数据控制者，依赖同意需要考虑的事实是只有数据主体在充分知情的情况下所作出的决定才有效。除非向数据主体提供关于个人数据处理的充分信息以便做决定，否则不可能将同意作为处理个人数据的理由。尤其是，在存在很多不同功能的情况下，同意应该足够精细地来反映这些多重目的，而不是使用一个同意来使可能有差异和不相关的不同目的合法化。

工作组建议该行业提供有效实用的手段使数据主体可以表达其同意。重要的是要记住，数据主体必须自由地给予同意，因此必须能够将其撤销，所以获得同意的方法应建立在数据主体不会感觉过于麻烦的前提下去改变主意的能力。这种功能的可用性取决于电表和控制面板设计的精细程度，以确保同意过程保持有效。

合同

对于履行数据主体所参与的合同或者为了在签订合同之前应对数据主体的请求而采取措施，处理也可能是必要的。这种法律依据可以使个人数据的处理合法化以便达到计费目的，因为如果没有准确编制的账单，能源供应的合同就无法履行。就计费而言，有必要在合同中明确处理数据的理由。换句话讲，如果处理的理由是履行合同，其仅要求用户提供并支付季度账单，供应商则没有必要收集更频繁的读数来履行合同。或者合同需要包含关于更频繁读数的有效法律规定，抑或是供应商需要依靠其他法律依据来获取这些读数。

履行为公共利益或行使官方权力而执行的任务

在某些成员国，网络电力运营商负责维护物理网络的性能，但也负责减少全球电力消耗。这种电力消耗包括全球电力消耗和高峰时段的电力消耗。这些任务是为了公共利益而执行的，它们使智能电表的安装合法化。

法律义务

在某些成员国，网络运营商有义务在智能电表的每次重新安装时设置和收集数据。

合法权益

根据《数据保护指令》第7条(f)款，如果为了数据控制者或第三方或披露个人数据的当事方追求合法利益之必要，处理可能是合法的，除非该利益被数据主体的利益或基本权利所替代。

重要的是，上述条款的适用前提是要适当关注数据主体的利益和权利。似乎不容争辩的是，数据控制者和整个社会的合法利益将通过提高能源供应和能源消耗的效率来实现，并且这可以通过从智能电表收集的个人数据来完成。然而，仅仅因为个人数据的这种特定用法似乎是合法的（并且对于许多人来说是合乎需要的）并不意味着它可以用于使处理的每个元素合法化。换句话讲，必须减少能源消耗，虽然这可能是明智的公共政策目标，但并不能在每种情况下都凌驾于数据主体的权利和利益之上。

实际上，很明显，包括隐私增强技术和隐私影响评估在内的实际措施可以增强智能电表处理的数据的安全性和隐私性，这更有可能使数据控制者可以获得这种处理条件。

在为数据控制者的合法利益而进行的数据处理是潜在的、不相称的侵犯性行为，或者数据处理对数据主体造成不当伤害的情况下，这尤为重要。示例可能包括创建数据主体的详细配置文件（实际上，这不需要实现目的），即在数据主体不知情或不同意的情况下将详细信息传递给第三方，或者在没有适当考虑个人数据保护和其他权利的情况下使用个人数据来作出关于断开远程的决策。

工作组也会提醒业界,在某些成员国,数据主体有可能反对安装智能电表。在此情况下,数据主体的偏好优先于任何其他利益。

智能计量引发的进一步合规性问题

工作组回顾其第168条意见,依赖于处理个人数据的服务和技术应设计为默认隐私设置。在这方面,智能计量实施应该在开始建立隐私时进行,不仅涉及安全措施,而且要最大程度减少处理的个人数据量。一些成员国已进行需要隐私影响评估的实施计划,并且工作组将推荐这种方法。

目前正在某些成员国进行测试的智能电表收集了几个读数,这取决于用户签订的合同类型。例如,如果用户签订了一份简单的合同,即如果他全天支付相同的电费,那么该电表将收集每日单次读数。另一种选择是,如果用户的合同是根据一天中不同时间来设定不同的价格,那么该电表每天将收集十个不同的读数。在最基本的层面上,通过设计保护隐私将确保电表读数仅在系统运行或提供消费者同意接受的服务所需的频率下传输。[……]

网络的技术规格还应确保,除非有必要将数据传输到其他地方或者数据主体同意传输,否则收集的任何数据都应保留在家庭网络内。此外,系统应确保即使在传输个人数据的情况下,也不会过滤或删除任何不是实现传输目的所必需的数据元素。总体目标应该是处理和传输尽可能少的数据。

工作组还建议设计系统,以便数据控制者仅在履行其职责所需的范围内访问个人数据。访问个人数据的所有各方都应被认定为合适且有能力接收个人数据,并且他们应该只能访问他履行其职责所必需的个人数据,而不应该访问超出此范围的个人数据。

个人数据的保留

在"非智能"的世界中,能源行业已经开发了将保留的个人数据用于有限目的的实践,例如计费。智能计量环境带来了新的挑战。鉴于将要处理大量数据,需要为新处理目的创新数据保留政策和实践,并审查数据保留政策和实践以适应现存的处理目的。为了确定仅在达到规定和合法目的所需的时间内保留数据,需要更清楚地了解处理的目的。这反过来将使控制者能够证明个人数据仅在必需时间内保留。例如,经常提及的一个目的是从电表收集的数据将允许提供能效建议。某些情况下,此类服务可能包括提供逐年比较,并且根据建议,13个月可能是保留个人数据来满足此目的的适当时间段。但是,只有在数据主体同意他们将利用这种方案的情况下,才能接受这么长的保留期。对于提供其他类型的服务，应该要求更短的保留期。

此外，可以想象消费者可以将大部分数据保存在电表或类似的网关设备上（除了计费目的所需的数据）。这使得数据主体有机会作出有关数据保留的决定。如果是这种情况，建议消费者接受系统提示或提醒以确保自己可以做有关数据保留的决定。

第三方处理个人数据

第三方/能源服务公司很可能会重点参与提供和支持智能计量实施，工作组认为这需要仔细斟酌。第三方的影响和参与将会因成员国不同而不同，但显然在最具侵入性的情况下，实施智能计量可能导致能耗报告的交易符合希望推广能源服务的相关方的利益。

已建议支持合规性的技术包括建立中央信息和通信中心，此中心可作为希望访问消费者数据的所有相关方的渠道；所有各方必须签署的准则；以及涵盖整个行业的规范。工作组希望明确指出，处理越具侵入性，保障措施就越需要严格。工作组将强烈要求相关监管机构对处理更具侵入性这一现象的可接受性发表看法。

上述所有这些技术和行为都以消费者同意为前提，行业确保数据主体能够以知情的方式授权。工作组希望表明，第三方在未经数据主体知晓和同意的情况下处理有关数据主体的详细能耗信息，这是不可接受的。

安全性

作为通过设计保护隐私流程的一部分，安全和隐私风险评估将识别数据安全的潜在风险。鉴于智能电网及其相关技术具有新颖性和广阔的前景，预测安全要求是一项具有挑战性的任务。

考虑到这一点，本意见建议，为了降低风险应该采用端到端的方法，应该涵盖各方并利用广泛的专业知识。也应该在早期阶段将安全性设计为网络架构的一部分，而不是以后再进行添加。

工作组希望表明，为了使数据主体确信其个人数据得以安全处理以及其基本隐私权受到保护，必须采取适当强有力的安全保障措施。这些保障措施应适用于整个过程，包括网络的家庭元素，网络中个人数据的传输以及供应商、网络和其他数据控制者对个人数据的存储和处理。

工作组预计智能电表将拥有较长的寿命，因此建议保障措施需要随时更新和改进并且必须定期进行审查和测试。

鉴于正在处理的个人数据量的增加，显然数据隐私的风险也会增加。

因此，工作组建议技术和有组织性的保障措施应至少涵盖以下领域：

- 防止未经授权披露个人数据；
- 保持数据的完整性以确保防止未经授权修改数据；
- 有效验证任何个人数据接收者的身份；
- 避免因损害个人数据安全而造成的重要服务中断；
- 对电表上存储或传输的个人数据进行适当审计的设施；
- 适当的访问控制和保留期；
- 不需要单个级别数据时的数据聚合。

个人权利包括提供给数据主体的信息

实施智能电表将引起复杂而新颖的个人数据的处理操作。大多数数据主体都不会意识到这些操作的性质以及可能对其隐私产生的潜在影响。当然，如果他们不了解个人数据处理，那么便不可能就此作出明智的决定。向数据主体告知其个人数据被处理的这一义务是《数据保护指令》的基本原则之一。第10条规定了提供此信息，并要求数据控制者向数据主体提供以下信息：

- 数据控制者及其代表的身份（如有）；
- 处理的目的；
- 任何可以使处理变得公平的进一步相关信息。这包括个人数据接收者的身份，访问权和纠正权的存在。

负责安装和维护电表的数据控制者应向数据主体说明从电表收集的信息及其用途。

如果第三方为了向数据主体提供服务而参与处理个人数据，那么应同样告知数据主体。在某些情况下，适当允许独立审查或监控第三方对个人数据的访问和使用以确保数据主体不被误导。

数据主体的权利

数据控制者必须尊重数据主体访问的权利，并在适当情况下，更正或删除与其有关的信息。显然，智能计量项目的主要部分是实施"家庭网络"（消费者可以从智能电表获取关于其使用模式和收费的即时信息），这意味着有机会确保数据主体能够通过使用可以直接访问数据的工具来轻松行使其权利。[……]

处理预防和调查犯罪的数据

《数据保护指令》针对超出目的而过度处理个人数据的情况进行了规

范。显然，通过智能电表获得的详细情况向供应商告知能源的使用模式可能会识别可疑的，有时甚至是非法的活动。工作组将提醒业界，存在这种可能性并不会自动使此目的的大规模处理数据合法化。尤为重要的是，在个人数据涉嫌犯罪的情况下，这些个人数据将被归为敏感数据，因此数据控制者无法处理该数据，除非第 8 条第(5)款规定适用。

结语

智能电表的出现为智能电网铺平了道路，带来了一种全新而复杂的相互关系模式，这对数据保护法的适用提出了挑战。[……]

该意见解释了数据保护法的适用性：它已经证明个人数据正在由电表处理，因此适用数据保护法。[……]

无论是什么处理，不管是类似于非智能环境中的处理还是前所未有的处理，都必须清晰地识别数据控制者并明确数据保护法所产生的义务，包括通过设计保护隐私，数据主体安全和权利。数据主体必须正确地了解其数据的处理方式以及其数据处理方式的根本差异，以便在他们表示同意时是有效的。

继第 29 条工作组的意见之后是一份规范性文书，即欧盟委员会的2012 年《建议》。[①] 个人数据保护是其三个主要模块之一（参考上文，第二章第三节第二小节）。为此，2012 年《建议》提出了实现充分保护的五个主要"工具"：

- 数据保护影响评估（DPIA）；
- 默认的数据保护；
- 通过设计的数据保护；
- 隐私增强技术（PETs）；
- 最佳可用技术（BATs）。

欧盟委员会，关于推出智能电网和智能计量系统的建议（2012）[②]

数据保护影响评估

4. 数据保护影响评估应描述所设想的处理操作，评估对数据主体的权利和自由的风险，设想解决风险的措施、保障措施、安全措施以及机制以确保保护个人数据并证明遵守第 95/46/EC 号指令，同时考虑到数据主体和相

① 2012 年 3 月 9 日委员会关于推出智能计量准备工作的建议，COM(2012)1342 final，第 2012/148/EU 号指令，欧盟官方公报 L 73，2012 年 3 月 13 日，第 9—22 页。

② 2012 年 3 月 9 日委员会关于推出智能计量准备工作的建议，COM(2012)1342 final，第 2012/148/EU 号指令，欧盟官方公报 L 73，2012 年 3 月 13 日，第 9—22 页。

关人员的权利和合法利益。

5. 为了保证整个欧盟的个人数据均得到保护，成员国应通过并运用委员会制定的数据保护影响评估的模板，并且自本《建议》在欧盟官方公报发布后12个月内，将有关个人数据处理方面保护个人的意见提交给工作组。

6. 在实施该模板时，成员国应考虑到工作组关于个人数据处理方面保护个人的建议。

7. 成员国应确保网络运营商和智能计量系统的运营商根据其在第95/46/EC号指令下的其他义务采取适当的技术与组织措施，以确保对个人数据的保护。

8. 成员国应确保处理个人数据的机构在处理之前向第95/46/EC号指令第28条所述的数据保护监督机构咨询数据保护的影响评估。这应该允许当局评估处理的合规性，特别是数据主体的个人数据面临的风险和相关保障措施。

9. 成员国应确保一旦采用了第5点规定的数据保护影响评估的模板，网络运营商就会根据它实施第7点和第8点。

通过设计的数据保护和默认的数据保护

10. 成员国应大力鼓励网络运营商在部署智能电网和智能计量的过程中将通过设计的数据保护和默认的数据保护纳入其中。

11. 在处理个人数据时，应将通过设计的数据保护和默认的数据保护纳入智能电网开发的相关方的方法中。

12. 通过设计的数据保护应在三个层面实施，即立法层面（通过必须符合数据保护法的立法）、技术层面（通过在智能电网标准中设定适当的要求以确保基础设施符合数据保护法的要求）和组织层面（与处理有关）。

13. 应实施默认数据保护，以便将最能保护数据的选项作为默认配置提供给用户。

14. 成员国应鼓励欧洲标准化组织基于通过设计的数据保护和默认的数据保护优先考虑智能电网参考架构。

15. 为了提高透明度和加强个人信任，成员国应鼓励使用由独立方提供的适当隐私认证机制和数据保护印章和标记。

16.《欧盟基本权利宪章》第8条和《欧洲人权公约》第8条第(2)款要求保护个人数据的权利不受任何干涉。必须根据合法性、必要性、正当性和比例性的累积标准来逐案评估干涉的合法性。因此，任何智能电网和智能计量系统内的个人数据处理若干涉了个人数据保护这一基本权利，则必须是必要的、相称的，才能视为完全符合宪章。

17. 为了减轻个人数据和安全方面的风险，成员国应联合业界、委员会和其他利益相关方支持确定最佳可用技术，使其满足本《建议》第42点所列的每项通用最低功能要求。

数据保护措施

18. 当决定智能电网内允许处理信息的范围时，成员国应采取一切必要措施，尽可能强制使用匿名数据使个人身份再也无法识别。在收集、处理和存储个人数据的情况下，成员国应确保该数据是适当且相关的。数据收集应限于数据处理目的所必需的最低限度，对能够识别数据主体的个人数据，其储存时间不得超过实现其处理目的所需的时间。

19. 根据第95/46/EC号指令第7条所列的一种或多种理由，通过智能计量系统或在智能计量系统内处理个人数据应该是合法的。应考虑到工作组在处理智能计量个人数据方面保护个人的意见。

20. 由提供增值能源服务的第三方处理个人数据也应该是合法的，并且应该符合第95/46/EC号指令第7条中列出的六种合法处理理由中的一种或多种。在选择将同意作为处理理由的情况下，数据主体应以自愿、具体、知情和明确的方式给予同意并分别为每项增值服务提供同意。数据主体应有权随时撤回其同意。撤回同意不应影响撤回前基于其同意的数据处理的合法性。

21. 成员国应明确确定数据控制者和数据处理者的角色和责任，其应符合第95/46/EC号指令中规定的各自的义务。

22. 成员国应在启动处理操作之前进行分析，以确定供应商和网络运营商在多大程度上需要为了维护和运营智能电网以及计费而存储个人数据。该分析尤其应该使成员国能够确定目前国家法律中规定的个人数据的存储期限是否不超过运行智能电网所需的时间。这必须包括一些机制以确保为删除个人数据以及定期审查个人数据存储的必要性而设定的时间限制得以遵守。

23. 为了进行此分析，每个成员国应特别考虑以下原则：数据最小化原则，透明性原则（确保使用清晰和平实的语言以界面友好和通俗易懂的形式向终端消费者告知目的、时间、情形、收集、存储和所有其他的个人数据处理），以及个人赋权原则（确保所采取的措施保护个人的权利）。

数据安全

24. 成员国应确保在通过设计的数据保护过程中，将个人数据安全在早期阶段设计为网络架构的一部分。这应采取相应措施使个人数据免遭意外或非法破坏或意外丢失并防止任何非法形式的处理，特别是任何未经授权的披露、传播、访问或更改个人数据。

25. 建议使用加密通道，这是防止滥用的最有效技术手段之一。

26. 成员国应考虑到，智能电网所有现有和未来的组成部分保证遵守欧洲标准化组织制定的所有"安全相关"标准，包括欧盟委员会标准化任务M/490中对智能电网信息安全的基本要求。成员国还应考虑到国际安全标准，特别是ISO/IEC 27000系列["信息安全管理体系(ISMS)标准族"]。

27. 成员国应确保网络运营商识别安全风险并采取适当的安全措施以保证智能计量系统具有足够安全性和弹性。在这方面，网络运营商应与国家主管当局和民间组织合作，适用现有的标准、指导方针和方案。如果目前没有，则研究新的标准、指导方针和方案。成员国还应考虑欧盟网络与信息安全局(ENISA)发布的相关指导方针。

28. 成员国应确保根据第2002/58/EC号指令第4条，在发生个人数据泄露的情况下，如果泄露行为可能对个人数据的保护产生不利影响，控制者应及时通知(最好不迟于数据泄露发生后的24小时)监管机构和数据主体。

智能计量的信息和透明度

29. 在不影响数据控制者的义务的前提下，根据第95/46/EC号指令，成员国应要求网络运营商为其每个应用程序制定和公布准确清晰的信息政策。该政策应至少包括第95/46/EC号指令第10条和第11条中所提及的条款。

在收集与数据主体有关的个人数据时，控制者还应向数据主体提供至少以下信息：

(a)控制者、控制者代表和数据保护官的身份和详细联系方式(如有)；

(b)个人数据处理的目的，如果处理是根据第95/46/EC号指令第7条进行的，还应包括一般条款和条件以及数据控制者的合法利益；

(c)个人数据的存储期限；

(d)要求控制者核实、更正或删除关于数据主体的个人数据，或反对其处理该数据的权利；

(e)根据其详细联系方式向第95/46/EC号指令第28条所述的监管机

构提起投诉的权利；

(f)个人数据的接收者或接收者类别；

(g)考虑到收集个人数据的具体情况，对于数据主体方面保证公平处理所需的任何进一步信息。

欧洲数据保护专员是欧盟机构和组织下设的数据保护机构，在其处理个人数据保护的范围内，立即对2012年《建议》的通过给予了响应。

欧洲数据保护专员关于欧盟委员会对推出智能计量系统的准备工作的建议的意见书(2012年)①

9. 欧洲数据保护专员的《意见书》有三个主要目标和消息：

- 该《意见书》评估了本《建议》：首先肯定了本《建议》，强调其成就，但是也批评了其缺点——包括针对性不足。
- 令欧洲数据保护专员感到遗憾的是，本《建议》中没有提供更具体实用的关于数据保护的指南，但他认为正在准备中的数据保护影响评估模板仍然可以给予一些指导。因此，《意见书》为该模板提供了许多有针对性的建议。
- 《意见书》要求欧盟委员会除了通过本《建议》和模板之外，还评估是否有必要在欧盟层面进一步采取立法行动，并为可能的立法行动提供一些有针对性的建议。

[……]

22. 考虑到数据保护的风险，推出智能计量系统的关键前提条件之一是确保对个人数据的高度保护。

[……]

24. 欧洲数据保护专员特别欣赏委员会努力使用新提出的概念(例如，通过设计的数据保护)和实用工具(例如，数据保护影响评估和安全漏洞通知)。欧洲数据保护专员还欢迎2012年《建议》中提及数据最小化、默认数据保护、隐私增强技术(PETS)、透明度和消费者赋权。

25. 欧洲数据保护专员特别支持委员会准备数据保护影响评估模板并将其提交给第29条工作组征求建议的计划。这种方法可能有助于实现一致性以及鼓励成员国实行通过设计的数据保护原则。

---

① 参见https://secure.edps.europa.eu/EDPSWEB/webdav/shared/Documents/Consultation/Opinions/2012/12-06-08_Smart_metering_EN.pdf。

建议事项：

2012 年《建议》和模板不应被理解为以任何方式减少所适用的《数据保护法》中建立的关于数据保护的保障措施。

应将数据保护问题充分视为推出智能计量系统的成本效益分析中的一部分。

需要更具体实用的指南。

需要能源监管机构和数据保护机构之间的紧密合作。

[……]

46. 欧洲数据保护专员建议，除了(i)提供能源；(ii)计费；(iii)检测欺诈，包括未支付情况下使用所提供的能源；(iv)准备电网节能维护所需的聚合数据（预测和结算）的处理之外，所有其他处理都必须要求获得数据主体自愿给予的具体、知情和明确的同意。

[……]

50. 欧洲数据保护专员欢迎执法部门、税务机关、其他政府机构、保险公司、雇主以及其他第三方对获取智能计量数据进一步提供保障措施。特别是在获得司法授权令或适当的法律文书时（类似于警察可以进入并搜查个人住所的搜查令），数据保护专员将建议限制执法机构获取案件信息。

[……]

谁应该准备数据保护影响评估？该模板还应该向行业参与者提供关于谁应该准备数据保护影响评估的指导。应确保所有负责处理个人数据的控制者（例如，网络运营商和能源供应商、智能计量系统的运营商以及增值服务提供商）各自对其数据处理活动进行影响评估。

- 各方可单独准备影响评估（例如，由每个能源供应商和网络运营商单独制定）。但是，考虑数据流的复杂性以及控制者和处理者的多样性，协调活动和交流最佳实践可能尤为重要。在适当的时候，这甚至可能是有用的。如果多方联合准备影响评估，这可能有助于制定最佳做法并避免重复工作。但是，明确分配责任同样至关重要，共同努力不应导致对数据主体不负最终责任。

- 关于设备（例如，智能电表和家用显示器），为了确保采用通过设计的数据保护方法，特别是确保在设计设备功能时考虑数据保护，欧洲数据保护专员建议也要为每个设备执行数据保护影响评估。

二、智能电网和智能计量系统的数据保护影响评估模板

为无线射频识别（RFID）应用程序开发隐私影响评估（PIA）模板之后，[①]根据2012年《建议》第5部分（参考上文，第二章第七节第一小节），智能电网特别工作组的第二专家组（EG2）获得新命令的授权（参考上文，第二章第四节第二小节），在2012年2月至2013年1月开发了智能电网和智能计量系统的数据保护影响评估（DPIA）模板。随后将该模板提交给第29条工作组（WP29）以征求意见，工作组于2013年4月22日对其作出负面评价。尽管第29条工作组发现"提议文件中所述方法是合理的"，但它确定了三个关键问题，即数据保护影响评估的性质和目标不够明确，某些方法上的缺陷以及缺乏针对特定行业的内容。它进一步建议将最佳可用技术（BAT）整合到数据保护影响评估过程中。

第29条工作组关于由委员会智能电网特别工作组第二专家组准备的智能电网和智能计量系统的数据保护影响评估模板的第04/2013号意见（2013年）

2.1. 数据保护影响评估的性质和目标不够明确

［……］数据保护影响评估的目标应该［……］是评估风险对数据主体的影响。

然而，第29条工作组感到遗憾的是，提交的数据保护影响评估模板并未直接处理对数据主体的实际影响，例如，由于错误计费导致财务损失，价格歧视或因未经授权的能耗分析促成犯罪行为。即使附件I中所列的数据保护和隐私目标有助于促进合规性，但在风险驱动方法的背景下还是不够充分。评估对数据主体的潜在影响是该方法不可或缺的要素。

因此，第29条工作组认为现有形式的数据保护影响评估模板无法实现委员会《建议》所规定的目标。

2.2. 数据保护影响评估模板的方法缺陷

除了上述关键缺点之外（有时与之相关），第29条工作组认为数据保护影响评估模板在方法上存在许多危及其应用的缺陷。

首先，提议的数据保护影响评估模板经常混淆风险和威胁。

---

① 关于无线射频识别应用的隐私和数据保护影响评估框架的修订版行业提案的第9/2011号意见，http://ec.europa.eu/justice/policies/privacy/docs/wpdocs/2011/wp180_en.pdf。同样参见参考文献［15］。

其次,附件Ⅱ中需减轻的风险与可能的控制措施清单之间没有对应。即使每种风险情景都是具体的并且应该根据其特点进行评估,但通常认定某些类别的控件可以有效减轻某些类别的风险。[……]建议的风险减轻措施虽然不能取代风险驱动过程,但可以为有效和连贯的方法提供参考。[……]

此外,关于脆弱性概念,如何计算和确定风险优先级,选择适当控件以及评估控件实施后的剩余风险,提议的数据保护影响评估模板也没有提供足够信息和具体指导。[……]如何完成提议的表格也不清楚。

最后,数据保护影响评估模板没有就如何确定不同利益相关者的数据保护角色和责任提供足够的建议。[……]为行业提供允许识别数据控制者和处理者的指南似乎至关重要。[……]

2.3. 数据保护影响评估模板缺乏针对特定行业的内容:应识别和匹配特定行业的风险以及解决这些风险的相关控制措施

数据保护影响评估模板缺乏针对特定行业的内容。模板中列出的风险和控制措施都具有通用性并且只是偶尔包含针对特定行业的指导——可能真正有用的最佳实践。简而言之,风险和控制措施并未反映关于主要关注点和最佳实践的行业经验。第29条工作组了解到第二专家组目前正在研究一系列“最佳可用技术”。[……]委员会应考虑将最佳可用技术纳入其中,并将综合文件提交第29条工作组以征求意见。[……]

此外,数据保护影响评估模板与数据保护影响评估框架是两个不同的概念。框架应该根据所分析的系统/过程的界限来确定目标,概述方法以及定义评估的范围。模板应该更进一步提供操作工具来管理特定系统/过程及其用例的风险,并建议适当的控制措施和最佳可用技术以减轻这些风险和提供具体指导。在没有具体专业知识可以适用的情况下(例如,中小型企业或在智能电网情况下,之前面临相对较少的隐私和数据保护问题的行业),尤其需要模板。

数据保护影响评估模板的目标应该是制定更多针对特定行业和更易于使用的指南。特别是,有必要更好地定义智能电网环境中对数据主体的潜在影响,并且就可实施的控制措施类型提供更准确的指导。

委员会可以为第二专家组提供通用的隐私和数据保护的风险评估方法。反过来,第二专家组可以采用这种方法并基于该方法可以使数据保护影响评估模板更具针对性。这种方法将使第二专家组在依赖于基本方法层面的参考框架的同时,能够专注于相关问题,例如,智能电网的特定风险和

控制措施。[……]

3. 结语和建议

第29条工作组[……]认为现有形式的数据保护影响评估模板还不够成熟和健全。[……]

鉴于数据保护影响评估模板中存在的缺陷，第29条工作组进一步建议委员会考虑将最佳可用技术纳入数据保护影响评估模板，并将综合文件提交第29条工作组以征求意见。

而且，更广泛地说，第29条工作组建议委员会考虑观察数据保护影响评估领域过去和现在所做的工作，并思考定义通用数据保护影响评估方法的机会，从而使具体领域的工作可以从中受益。

最后，关于是否需要强制进行影响评估，第29条工作组参考了从无线射频识别[隐私影响评估]中获得的经验，并强调成员国的现有统计数据表明无线射频识别的影响评估的执行率极低。然而这种较低的执行率可归结于数个深层原因，其中一个关键因素显然是目前缺乏执行此类影响评估的强制性要求。

这使第二专家组对模板进行了重大改进，并将其于2013年8月20日提交给第29条工作组，并于2013年12月4日获得了正面评价。第29条工作组的第二次意见已经认可"第二专家组开展的工作并意识到该模板的第二个版本相对于之前的版本具有相当大的改进"。该意见主要指出风险管理方法而非技术上的一些缺点，但它也强调以下问题：非约束性框架的有效性；国家数据保护当局对数据保护隐私影响评估过程的参与以及设立测试阶段以评估模板效用的必要性。

第29条工作组关于由委员会智能电网特别工作组第二专家组准备的智能电网和智能计量系统的数据保护影响评估模板的第07/2013号意见(2013年)

2.1.1. 执行智能电网数据保护影响评估的任意性

虽然委员会出具的2012年《建议》一方面没有设立具有法律约束力的义务，但另一方面强烈建议采取某些措施。[……]第29条工作组重申(数据保护影响评估)的必要性[……]在很大程度上是因为智能电网技术和管理基础设施的复杂性，其潜在的应用和发展规模，以及个人基本权利和自由的特定风险，包括生命(例如，在某些动力机器运行重要功能的情况下关闭能源供应)。

此外,第 29 条工作组对委员会提出的一项提议表示欢迎,即《通用数据保护条例》将规定在某些情况下强制进行数据保护影响评估。对于智能电网数据保护影响评估模板的利益相关者,即数据控制者和处理者,应该清楚在将来使用模板应被视为一种遵守法律义务的方式。

2.1.2. 数据保护影响评估和数据保护机构

委员会 2012 年《建议》第 8 点规定,成员国应确保处理个人数据的实体在处理之前就数据保护影响评估咨询其数据处理局(DPA)。第 29 条工作组注意到模板在许多部分没有完全反映这种方法。[……]

2.5. 测试/验证数据保护影响评估模板的必要性

第 29 条工作组建议在现有版本的基础上以及尽可能考虑上述评论之后,对数据保护影响评估模板进行适当的测试/验证。工作组建议在进行这些测试后,应根据这些经验以及考虑上述评论来审查和改进模板及其方法。

经过一些细微的编辑修改后,数据保护影响评估模板于 2014 年 3 月 10 日完成,并于 2014 年 10 月公布。① 数据保护影响评估模板由三部分组成。首先,其概述了数据保护影响评估这一过程的基本原理、范围、好处和成功因素,并讨论了参与该过程的利益相关者,包括输电系统运营商(TSO)、配电系统运营商(DSO)、能源发电机、能源市场供应商、计量运营商、能源服务组织以及——在某种程度上——消费者(即数据主体)。

其次,该模板提供了关于执行数据保护影响评估的详细指导,目标是完成以下步骤:②

附件 3:智能电网和智能计量系统的数据保护影响评估的过程

第一步——确定数据保护影响评估之必要性的预评估和标准

标准 1:个人数据处理

标准 2:数据控制者和处理者的分类

标准 3:对权利和自由的影响

标准 4:执行数据保护影响评估的时机和动机

标准 5:系统/应用的性质

---

① 数据保护影响评估模板的前 2 份草案未曾官方公布。其最终版本在网上发布,请参见 http://ec.europa.eu/energy/gas_electricity/smartgrids/doc/2014_dpia_smart_grids_forces.pdf。

② 数据保护影响评估模板的前 2 份草案未曾官方公布。其最终版本在网上发布,请参见 http://ec.europa.eu/energy/gas_electricity/smartgrids/doc/2014_dpia_smart_grids_forces.pdf。

标准6:法律依据和公众关注的问题
[其他]
第二步——启动
数据保护影响评估团队
所需的资源
第三步——识别、体现和描述处理个人数据的智能电网系统/应用
使用案例
系统信息
描述系统的主要和配套资产
第四步——识别相关风险
为每个可怕事件识别风险
第五步——数据保护风险评估
可怕事件的影响
产生威胁的概率
最终风险级别/价值优先权
第六步——对控制措施和剩余风险的识别和建议
评估实施和计划的控制措施
(续)
风险处理
剩余风险和风险承担
解决
第七步——编制并起草数据保护影响评估报告
第八步——审查和维护

最后,在准备数据保护影响评估过程的最终报告时,可以填写由模板提供的表格。此外,它还提供了一份并非详尽的数据保护威胁的列表。模板附加了词汇表、所谓的隐私和数据保护目标列表以及可能的控制措施列表。

该模板提出了一种特殊的风险管理方法,其建立在法国数据保护机构——国家信息自由委员会(CNIL)制定的相关手册之上。① 但是,该模板并不排除运用其他的方法。

欧盟委员会《建议》对数据保护影响评估模板的发布予以补充,特别是

① 参见 http://www.cnil.fr/fileadmin/documents/en/CNIL-ManagingPrivacyRisks-Methodology.pdf。

说明了数据保护影响评估模板的使用及其评估（“2014 年《建议》”）。① 2014 年《建议》邀请欧盟成员国鼓励数据控制者运用数据保护影响评估模板（第 3 节），促进和支持其传播和使用（第 4 节），以最佳可用技术（BAT）（第 5 节）补充其应用，并在个人数据处理开始之前就数据保护影响评估咨询国家数据处理局（第 7 节）。它接着介绍了测试阶段，其中将评估当前数据保护影响评估模板的效率和效力（第 9-13 节）。它介绍了实际进行数据保护影响评估模板的公共清单（第 14 节）。2014 年《建议》以修订条款（第 15—17 节）结束。

2014 年 10 月 10 日欧盟委员会关于智能电网和智能计量系统的数据保护影响评估模板的建议（2014/724/EU）②

Ⅱ. 定义

2. 请成员国注意以下定义：

[……]（c）“数据保护影响评估”是一种对风险的潜在影响进行评估的系统过程，其中处理操作由控制者或处理者或代表控制者的处理者执行，可能因其性质、范围或目的而对数据主体的权利和自由产生特定风险。[……]

Ⅲ. 实施

3. 为了保证整个欧盟的个人数据得到保护，成员国应鼓励数据控制者应用智能电网和智能计量系统的数据保护影响评估模板，以及在此情况下鼓励他们重视工作组关于个人数据处理方面保护个人的建议，特别是其第 07/2013 号意见。工作组的意见可在智能电网特别工作组的网页上找到。

（http://ec.europa.eu/energy/gas_electricity/smartgrids/smartgrids_en.htm）

4. 成员国应与行业、民间利益相关者和国家数据保护机构合作，以便在部署智能电网和推出智能计量系统的早期阶段促进和支持对数据保护影响评估模板的传播和使用。

5. 成员国应鼓励数据控制者考虑将成员国与业界、委员会和其他利益相关者共同确定的最佳可用技术作为数据保护影响评估的补充要素，以实现 2012 年《建议》第 42 点所列的每项电力智能计量的最低限度的功能要求。[……]

---

① 2014 年 10 月 10 日欧盟委员会，关于智能电网和智能计量系统的数据保护影响评估模板的建议，2014/724/EU，欧盟官方公报 L 300，2014 年 10 月 18 日，第 63—68 页。

② 参见 http://www.privacybydesign.ca。

7. 成员国应确保数据控制者在处理数据之前向各自的国家数据保护机构咨询数据保护影响评估。

8. 成员国应确保数据控制者在进行数据保护影响评估后，根据第95/46/EC号指令规定的其他义务来采取适当的技术和组织措施以确保对个人数据的保护，在整个应用或系统周期内审查该评估以及措施的持续适当性。

Ⅳ. 测试阶段

9. 成员国应支持组织测试阶段并应用实际案例，包括寻求和鼓励智能电网和智能计量行业的测试人员来参与这一测试阶段。

10. 在该测试阶段，成员国应确保所有相关应用或系统均适用模板、工作组关于个人数据处理方面保护个人的建议以及本《建议》第Ⅲ部分所包含的规定，以便对数据保护产生最佳影响并且为后续审查模板提供尽可能多的输入。

11. 成员国应鼓励和支持主管数据保护的国家机构在整个测试阶段向数据控制者提供支持和指导。

12. 通过促进利益相关者之间的对话与合作，特别是通过向利益相关者提供平台来组织利益相关者会议，其中包含测试人员、业界和民间社会代表、国家数据保护当局和能源监管机构，委员会旨在直接促成测试阶段的实施和监测。

13. 成员国应鼓励测试人员与主管数据保护的国家机构以及利益相关者平台框架内的其他利益相关者沟通并分享测试阶段的结果，基于三类评估标准：

(a)模板在评估个人智能电网应用对数据保护影响时的效率；

(b)模板根据应用或系统的具体情况来指导数据控制者进行影响评估时的有用性；

(c)模板对数据控制者的用户友好性。

报告这些评估标准应侧重于提供有关适用委员会《建议》和所有相关应用或系统中模板的信息。

14. 委员会打算确保对测试阶段进行数据保护影响评估的清单予以汇编。在整个测试阶段，数据保护影响评估清单将由智能电网特别工作组的网页提供并将定期更新，以促进对模板的应用进行持续和及时完善。

Ⅴ. 审查

15. 在欧盟官方公报公布本《建议》后两年内，成员国应向委员会提供一份包含测试阶段产生的相关结论的评估报告。

16. 在欧盟官方公报公布本《建议》后两年内，委员会打算根据成员国提供的测试阶段的报告并根据上述评价标准来评估是否需要修订数据保护影响评估模板。委员会将考虑组织利益相关者参加的专门活动，以便在模板修订之前就此评估交换意见。

17. 此修订应有助于确保数据保护影响评估模板在智能电网部署的背景下加强对个人数据的保护，并充分反映经修订的第95/46/EC号指令和工作组第07/2013号意见的规定。

第八节　隐私和个人数据的保护工具

自20世纪90年代以来，一些保护隐私和个人数据的所谓"工具"得以开发与成熟。这些工具形成了非法手段（方法）补充合法手段的模式，以实现充分保护隐私和个人数据的目标。

一、默认隐私

Cavoukian，通过设计实现隐私：针对实施强大隐私实践的指南（2012年）[16]

保护隐私最有效且最具挑战性的方法是确保默认设置（即当用户不需要采取任何行动时适用的设置）尽可能保护隐私。[……]

设计信息技术和系统的出发点必须是始终为了最大限度地增强隐私，一开始不收集个人身份信息，除非直到确定具体和令人信服的目的。[……]

如果收集个人数据必须用于明确规定的目的，则实施该原则的下一步是尽可能地限制对该信息的使用和保留。很多方法可以实现这一目标。其中一种方法是，在用户端（即完全在用户及其设备的控制下）执行具有隐私问题的操作（即使用个人信息的操作）。显然，设备或软件越能防止篡改，越安全；越多地由用户控制，可靠地执行其功能就越令人信赖。在不同实体之间划分数据、功能和角色是保护隐私的可靠方法。例如，使用代理服务器来掩盖IP地址并击败在线跟踪和分析是基于该策略。在实践中，必须结合组织和技术措施来实现默认隐私的这一目标。[……]

以下示例阐释了默认原则：[……]

6. 分布式信息隐私架构：将智能电网中以服务为导向的架构中的域分离。安大略省第一电力公司 Hydro One 使用“域”的概念来划分智能电网中可能的隐私影响，并强制执行某些架构决策以满足隐私要求。确定的三个域是：用户域、服务域和网格域。经分析发现，设计到能源公用事业公司的高级分配系统（ADS）中的默认设置将各种数据域分开并以动态方式对消费者数据进行数据聚合。

二、通过设计保护隐私（PbD）

Cavoukian，通过设计保护隐私（2013 年）[17]

通过设计保护隐私由加拿大安大略省信息隐私专员 Ann Cavoukian 博士于 20 世纪 90 年代开发。“通过设计保护隐私”提出了一种观点，即仅遵守法律和监管框架并不能确保隐私保护的未来；相反，保证隐私必须成为组织的默认操作模式。[……]

通过设计保护隐私的七个基本原则被视为全世界个人和组织的宝贵资源。[……]这些原则已被翻译成 31 种官方语言。可以通过实行七个基本原则来完成通过设计保护隐私的目标——确保保护隐私和获得对个人信息的控制，并为组织获得可持续的竞争优势：

1. 主动而非被动，预防而非补救

通过设计保护隐私方法的特点是主动而非被动采取措施。它能预见并防止隐私侵入事件发生。通过设计保护隐私不是等待隐私风险出现，也不是为解决隐私违规行为提供补救措施——它旨在防范违规行为发生。简而言之，通过设计保护隐私是事先而不是事后进行。

2. 以默认方式保护隐私

我们都可以确定的一点是——默认规则！通过确保在任何给定的 IT 系统或业务实践中自动保护个人数据，通过设计保护隐私方法力图提供最大程度的隐私。如果一个人什么都不做，其隐私仍然完好无损。个人不需要采取任何措施来保护其隐私——它默认内置于系统中。

3. 隐私嵌入式设计

通过设计保护隐私被融入到 IT 系统和业务实践的设计和架构中。其事后并没有用螺栓固定为附加组件。结果是隐私成为正在交付的核心功能的重要组成部分。隐私是系统不可或缺的部分，不会削弱其功能。

4. 全面功能——“正和”而非“零和”

通过设计保护隐私旨在以“正和”双赢的方式满足所有合法利益和目标,而不是通过陈旧的“零和”方式进行不必要的权衡。通过设计保护隐私避免了伪装的错误二分法,例如,隐私与安全——证明可以兼顾两者。

5. 端对端安全性——完整生命周期的保护

在收集信息的第一个元素之前,通过设计保护隐私被嵌入系统中,在所涉及数据的整个生命周期中安全扩展——强大的安全措施对于隐私而言始终都是必不可少的。这可确保所有数据得到安全保留,然后在流程结束时安全销毁。因此,通过设计保护隐私可确保从头到尾端对端地实现信息的生命周期管理。

6. 可见性和透明度——保持开放性

通过设计保护隐私旨在向所有利益相关者保证,无论涉及何种业务实践或技术,事实上,这都是根据既定的承诺和目标进行操作,需要经过独立验证。对于用户和提供商而言,其组成部分和操作仍然是可见且透明的。记住,信任但要验证。

7. 尊重用户个人隐私——以用户为中心

最重要的是,通过设计保护隐私要求架构师与运营商提供一些措施来保护个人利益,例如,强大的隐私默认设置,适当的通知以及用户友好型选项设置。保持以用户为中心。

[……]通过设计保护隐私提供了一种主动将隐私嵌入信息技术、业务实践和网络基础设施的方法。

[……]在过去几年里,Cavoukian 专员已经发表了 60 多篇关于通过设计保护隐私的文章,与许多知名主题专家一起撰写,其中包括业务主管、风险经理、法律专家、设计师、分析师、软件工程师、计算机科学家,电信、医保、运输、能源、零售、营销和执法方面的应用程序开发人员。虽然其中一些文章是“基础”作品,但大部分通过设计保护隐私的研究与九个关键应用领域中的某一个直接相关:

1. 公共交通系统的闭路电视/监控摄像机;
2. 赌场和游戏设施中使用的生物识别技术;
3. 智能电表和智能电网;①

---

① 安大略省信息和隐私委员会发布了关于将通过设计保护隐私这一概念应用于智能电网应用的开发人员的指南,参见参考文献[18]。

4. 移动设备和通信;
5. 近场通信技术(NFC);
6. 无线射频识别与传感器技术;
7. 重新设计地理位置数据;
8. 远程家庭保健;
9. 大数据与数据分析。

自20世纪90年代以来,通过设计保护隐私的概念已成为全球关键的隐私保护"工具"。① 第32届国际数据保护和隐私委员会会议(耶路撒冷,2010年)已经认可"通过设计保护隐私是基本隐私保护的重要组成部分"。② 欧盟数据保护框架的未决改革方案中已经嵌入了通过设计保护隐私的变体,即通过设计的数据保护(参考上文,第二章第五节第五小节)。2012年《建议》也是如此(参考上文,第二章第七节第一小节)。

三、隐私增强技术(PET)

Van Blarkom,Borking,和Olk,隐私与隐私增强技术手册。智能软件代理的案例(2003)[19]

隐私增强技术代表信息通信技术措施的关联系统,其通过消除或减少个人数据或通过防止不必要和/或不希望的个人数据处理来保护隐私,这一切都不会失去信息系统的功能。

欧盟委员会,隐私增强技术(PET)

现有法律框架(2007年)③

这里可以提及几个隐私增强技术的示例。

• 一段时间后自动匿名支持该原则,即保存所处理的数据应允许在不超过最初收集数据所需目的的范围内识别数据主体。

• 在通过互联网传输信息时,加密工具可防止黑客攻击,并支持数据控制者采取适当措施保护个人数据免遭非法处理。

• cookie切割机阻止将cookie放置在用户个人电脑内,使其在意识不

① 参见http://www.privacybydesign.ca。

② 第32届关于数据保护和隐私委员会的国际会议,通过设计保护隐私决议,耶路撒冷,2010年10月27日至29日。http://www.ipc.on.ca/site_documents/pbd-resolution.pdf。

③ 参见http://europa.eu/rapid/press-release_MEMO-07-159_en.pdf。

到的情况下执行某些指令，加强遵守数据必须公平合法处理的原则，并且必须告知数据主体有关处理过程的信息。

- 隐私权偏好平台（P3P）允许互联网用户分析网站的隐私政策，并将其与用户对于所允许发布信息的偏好进行比较，有助于确保数据主体是在知情情况下表示同意处理他们的数据。

四、透明度增强技术（TET）

Janic，Wijbenga，和 Veugen，透明度增强技术（TET）（2013）[20]

通常，数据保护法规[……]要求用户充分了解个人信息的收集、存储、处理和披露，个人信息用于何种目的以及在用户使用某个系统时个人信息的处理方式。还应通知用户关于共享信息的第三方的相关信息。为满足这一需求，提出了透明度增强技术的概念。如果我们将透明度定义为对于如何收集、存储、处理和披露用户数据的洞察力，那么透明度增强技术可以视为以准确和易于理解的方式提供该洞察力的工具。

与隐私增强技术相比，这些技术没有采取任何特别措施来增强用户隐私。他们宁愿向用户提供关于如何存储、交换、处理和使用其数据的必要信息，并且使用户能够对其认为需要采取的行动作出明智的选择，因而间接地保护用户隐私。[……]

一些研究发现，由于担心个人数据处理的方式，用户不愿意在基于互联网的交易中提供个人信息。据建议，在该问题上，机构提供更高的透明度可能会增强用户的信任以及使其更愿意使用特别的在线服务。

[……][我们]将透明度增强技术定义为技术工具，其具有以下一个或多个特征：

- 向用户提供有关预期收集、存储、处理和/或披露数据的信息（服务提供商声称如何处理用户的个人信息）；
- 向用户提供有关已经收集、存储、处理和/或披露数据的信息（服务提供商实际上如何处理用户的个人信息）；
- 以互联网用户可理解的方式呈现上述信息。

Hildebrandt，行为生物认证分析与透明度增强工具（2009）[21]

透明度增强技术现被定义为合法技术工具。[……]这很重要，因为我们需要充分的透明度权利来作为能够行使这些权利的技术基础设施。

五、隐私影响评估(PIA)

Kloza,隐私影响评估作为实现程序正义的手段(2014)[22](此处参考文献和注释省略)

隐私影响评估通常被定义为“评估项目、政策、计划、服务、产品或其他倡议对隐私的影响过程,并与利益相关者商量采取必要的补救措施以避免或最大限度地减少负面影响”[……]。在实践中,隐私影响评估成为支持决策的工具。

基于环境影响评估(EIA)的积极经验,公众对隐私影响评估的兴趣日益增长,主要是由以下原因造成的:公众对新兴技术的不信任、隐私侵入性工具的强劲发展、公众对公共机关和公司日益增加的隐私侵犯行为的迟发反应以及理性管理方法的自然发展[……]。从治理的角度来看,隐私影响评估已经将注意力从应对措施转向更多的预防工具,因为其相信“预防为主,治疗为辅”的理念[……]。隐私影响评估被认为是有效的问责制工具,其通过关注所涉及的参与者来分散隐私的执行;这清晰体现在 2012 年欧盟委员会关于新的欧盟数据保护框架的提案中[……]。

理想的隐私影响评估的政策和流程(的建议):

1. 在项目生命周期中的体现:隐私影响是尽早开始的一个流程(因此它可以影响项目的设计),在整个项目生命周期中持续进行,并且在发现新的隐私风险的情况下再次访问该流程。如果项目“移动”到另一个组织,要保证继续进行隐私影响评估的流程(即隐私影响评估作为“活性工具”)。最后,对隐私影响评估进行审核和/或审计。

2. 可扩展性:由于各个组织的规模差异很大,以及其活动侵犯隐私的程度各不相同,并且在处理隐私问题方面的经验有所不同,因此各组织根据适合其自身的情况来执行隐私影响评估。

3. 所有隐私类型及其他类型:隐私影响评估涉及所有类型的隐私问题,而不仅仅是信息方面。如有必要,隐私影响评估可能还会涉及道德影响以及与监测有关的问题。

4. 问责制:在隐私保护范围内,问责制不仅包括采取和实施适当的措施(即效率要求),而且还包括能够根据要求证明已经采取了这些措施(即透明度要求)[……]。执行隐私影响评估的组织以及评估人员和高级官员对其相关的行为和疏忽负责。为了证明已经适当执行隐私影响评估流程并实施其建议,可以进行外部审计和/或审核。

5. 透明度:隐私影响评估流程至少具有最低程度的透明度。评估人员和利益相关者都必须拥有所有相关信息来评估拟议项目的隐私影响。隐私影响评估流程中透明度的要求具有双重性质:(1)流程本身;(2)关于信息的披露,其进一步分为:a. 利益相关者的参与;b. 隐私影响评估报告的发布;c. 实际进行隐私影响评估的公共登记。这些都不排除对敏感信息表示应有的尊重。

(a)利益相关者的参与:在隐私影响评估流程中,(如果适用)识别包括公众在内的尽可能具有代表性的利益相关者并向其告知计划的项目和隐私影响评估的流程。向其寻求意见并随后适当纳入考虑。

(b)报告:在完成隐私影响评估流程之后,最终报告应公开并且易于查阅。

(c)公共登记:所有隐私影响评估都最好以电子形式列在公共登记中心,并且易于查阅。

(d)敏感信息:隐私影响评估流程的所有这些“外部性”,即利益相关者的参与、报告和注册,提出了有关国家机密和商业敏感信息的问题。这些并不一定是为了向公众传播;利益相关者通常位于执行隐私影响评估的组织的外部。因此,他们可能会被咨询,例如,通过签订保密协议的封闭式讨论会。就隐私影响评估报告而言,某组织可以编辑该文件并将机密信息放在附件中,并且只发布报告的正文部分然后将其输入注册表。或者,某组织可以起草并发布有意义的报告总结。

6. 风险管理与合法性审查——隐私影响评估的核心元素。基于适当的风险管理方法,可以识别、评估和理想情况下减轻所有可能的风险和其他负面的隐私影响。剩余风险(如果有的话)是合理的。评估人员确保项目符合任何法律或其他监管规定。

7. 内部“隐私文化”:在隐私影响评估流程支持评估时,隐私影响评估可发挥良好作用。组织已经确定了隐私影响评估流程的职责范围,确保了评估人员的专业性和个人独立性。隐私影响评估可以内部进行,例如,通过其独立性受到法律制裁的数据保护官员,通过其掌握的适当资源(时间,金钱,人力),或者可以同样通过将其外包给独立性无疑的外部实体。评估人员必须认识到他们可能给任务带来的偏见和主观性并在报告中予以声明。

8. 外部“隐私文化”:隐私影响评估需要政策制定者、监管机构和私营部门的高度支持。特别是，数据保护机构（DPA）在此发挥着关键作用。他们通过为政策制定者、组织和评估人员提供专业知识、指导和建议，以及可能通过对实际执行的（选定的）隐私影响评估进行审查和提供反馈，从而推动和促进隐私影响评估流程。

De Hert，Kloza，和 Wright，关于欧盟隐私影响评估框架的建议（2012）[23]

隐私影响评估流程的关键元素如下所示［……］：

1. 确定隐私影响评估是否必要（阈值分析）；
2. 确定隐私影响评估团队并设定职责范围；
3. 描述提议的项目；
4. 分析信息流及其他隐私影响；
5. 咨询利益相关者；
6. 风险管理；
7. 合法性审查；
8. 制定建议；
9. 准备和发布报告；
10. 实施建议；
11. 外部审核和/或审计；
12. 如果正在讨论的项目发生变化，则重新考虑隐私影响评估。

六、通过设计的法律保护（LPbD）

Hildebrandt，智能电网中的通过设计的法律保护（2013）[24]

通过设计的法律保护主张，隐私和数据保护等基本权利的法律要求必须内化在计算机系统硬件、代码、协议和组织标准中，以便在不断变化的技术环境中维持这种权利的有效性。

1. 考虑数据流而不是孤立的离散数据；预测去匿名化是否会恢复身份信息并将易受此类去匿名化影响的数据流视为数据保护法规的范围。

2. 将隐私和安全作为业务模式的重要组成部分，不要将其视为成本而应视为竞争优势——尤其是从长远来看。

3. 从数据保护影响评估开始并反复进行评估。

4. 践行通过设计保护数据以及默认保护数据。

5. 在通过设计保护数据以及默认保护数据方面开发具有创新性的软件工具和硬件基础设施。

6. 基于通过设计保护数据以及默认保护数据开展业务模式。

7. 实践通过设计保护安全，特别是在任何可能的情况下进行端到端加密和安全认证。

8. 关注复发性的软件分析。

9. 实践具有歧视意识的数据挖掘。

10. 基于可信度进行信任管理。

11. 永远不要低估安全和保障的经常性成本。

12. 不允许关键基础设施依赖于动荡市场。

13. 创建单独的数据流为了保护普遍服务权的关键基础设施和商业增值服务。

14. 在智能电网系统的后端使配置文件具有透明度。

15. 设计直观的界面，使关于数据共享的潜在后果具有透明度（显示它们匹配的配置文件）。

16. 在智能电网系统的前端使配置文件具有透明度（允许消费者使用其数据来确定它们的匹配方式）。

七、隐私认证

隐私认证是欧盟数据保护领域里相对较新的补充内容。虽然1995年《数据保护指令》对此没有明确提及，但相应的规定也没有特别适应其特殊需要和要求，过去几年里，使用简单识别手段以便个人能够快速区分合理的数据保护实践的概念已经扩散到欧盟成员国。如今，欧盟已经制订了大量的国家隐私认证计划，但这些计划仍然是支离破碎的，这是因为欧盟各成员国尚未对数据保护达成共识，而且各成员国的法律及当局尚未正式认可这些计划。[①]

然而，在为个人提供快速决策的简单方式以助益商业和处理技术情况下的隐私认证的重要性正式得到欧盟委员会的承认，[②]《一般数据保护条例》的原始草案中特别提到这点。[③] 其第39条第(1)款规定：

成员国和委员会应鼓励，特别是在欧洲层面建立数据保护认证机制和

① 欧盟委员会，联合研究中心，欧盟隐私密封计划，隐私认证方案的清单和分析，2013年。

② 欧盟委员会，欧盟个人数据保护的综合方法，COM(2010)609 final，第12页。

③ 第(6)(1)(c)条。

数据保护的印章和标记，使数据主体能够快速评估控制者和处理者提供的数据保护水平。数据保护认证机制应有助于正确适用本条例，同时考虑各个部门的具体特点和不同的处理操作。

该方法在很大程度上由欧洲议会的投入①而改变，因此不应被认为是最终文本（考虑到《一般数据保护条例》生效之前的漫长谈判期）。然而，可以理所当然地认为，隐私认证在某种程度上会作为数据保护目的的重要附件出现在其最终文本中。这种隐私认证显然是针对特定行业的：尽管产品和/或服务的认证需要最后确定，但智能电网技术和系统以及其服务也构成了明显的认证对象。根据最终将采用的认证实施细节（例如，由欧盟还是成员国运营，认证机构是谁，相关行业将扮演何种角色），智能电网参与者可能会发现在实际认可其个人数据处理之前，自己以不同的方式参与相关流程中。无论情况如何，这对他们来说应该是值得欢迎的发展：如果正确实施隐私认证，则可以保证数据控制者进入新的个人数据处理领域具有法律确定性，同时也有助于提高公众的信任和意识——这二者都是促进该领域的必要特征。

八、概述智能计量可适用的隐私友好型算法

确保充分保护智能电网和智能计量系统中的隐私和个人数据成为日益增长的需求，对此，近年来开发了许多用于处理这些系统信息的隐私友好型算法。②

（一）微软研究：隐私友好型智能计量

Danezis 和 Rial，用于智能电网的隐私保护计量（2010 年）[25]③

我们建议在用户和公用事业提供商之间建立安全协议关系，这一协议在披露总消费额的同时可保持个人测量数据的秘密性。此外，该协议保证费用是准确的并且是根据精密电表的测量数据以及提供商的资费表得出。

在我们的系统中，公用事业提供商设定资费政策，签字并将其发送给用

---

① 欧洲议会，民事许可、制裁与内政事务委员会，关于规范欧洲议会和理事会在个人数据处理和此类数据自由流动方面的个人保护的提案的报告（《一般数据保护条例》），2013 年 11 月 21 日。http://www.europarl.europa.eu/sides/getDoc.do? pubRef = -//EP//NONSGML + REPORT + A7-2013-0402 + 0 + DOC + PDF + V0//EN。

② 我们十分感谢迈克尔·约翰向我们指出这点。

③ 该算法已经在参考文献［26，1—12］，［27，175—191］和［28，148—162］中进行了更详细的讨论。

户。定价政策将消费和其他参数(例如,一天中的时间)反映到资费表中。在计费期间,电表输出读数和其他计量信息并对其进行电子化签名。在给定适用的资费和读数的情况下,用户、其设备或其选择的服务定期根据读数来计算支付费用,其包括总费用和费用正确的数学证明。在收到支付消息后,提供商可以检查账单的正确性,而不能了解有关各个电表读数的任何信息。

此外,我们的协议允许向提供商选择性地披露消费数据,但仅在用户同意的情况下。选择性披露细粒度数据被证明是正确的,并且可以计算和显示读数的其他功能。除了最终账单之外,可以发布其他信息,例如计费期间的总消耗,如今天所做的一样,以便促进网络管理和防止欺诈。

提供商的安全性取决于已建立的签名机制和加密承诺的结束力。用户隐私取决于零知识证明的属性以及承诺的隐藏属性。正如传统计量安全一样,提供商通过防篡改硬件来确保电表读数上的签名是正确的。使用完善的加密技术证明我们的协议是安全的。

用户可以将其账单的计算委托给他们所希望的任何设备或服务:家庭服务器、在线服务或智能电表。无论他们怎么选择,提供商和其他所有人都可以在争议的情况下验证最终账单是否正确,并且不需要相信实际计算或执行该计算的当事方。在不泄露详细读数的情况下,在本地或通过任何设备或代表来自由地计算账单,从而允许用户保护自己的隐私。

我们的技术将细粒度计量和计费的优势与用户的隐私需求相结合。它适用于公用事业计量之外的很多场合,例如,按需付费汽车保险、道路收费和征税、公用事业计费或软件许可管理,该技术为任何计费过程提供完整性和隐私。

(二)通过同态加密的隐私友好型电能计量

Garcia 和 Jacobs,安全和信任管理(2011)[29]

本文第一部分讨论了(电力)计量中的一般问题,并主张在电表中包含可信元件,如智能卡。这体现在“电表的力量!”的口号中。这种可信元件提供电表读数的安全存储(如传统电表通过硬件保护一样),以及基于公钥密码的用于认证和安全通信的基本加密原语。本文后面的协议基于这些原语的可得性。他们展示了在不侵犯消费者隐私的前提下如何用基本的加密技术来实现电网运营商的合理监控目标。

特别是,第四部分描述了一种协议,其中在不了解各个测量数据的情况下，邻域层面的数据集中器可以获得所有相连用户（通常为几百）的测量值的总和。通过将这个总和与其自身测量的消耗量进行比较，可以清楚地发现该社区有多少能量泄漏。这些协议可以频繁运行，例如，每15分钟运行一次，而且不会影响隐私。

（三）我有差异化的私人智能计量

Acs 和 Castelluccia，我有差异化的私人智能计量（2011 年）[30]

在我们的方案中，（电力）供应商可以定期从智能电表收集数据并获得汇总的统计数据，而无须了解有关个体家庭活动的任何信息。例如，供应商无法从用户的踪迹中判断他是否或何时看过电视或开启暖气。我们的方案简单、高效并且实用。处理成本非常有限：智能电表只需要为其数据添加噪声并使用高效的流密码对结果进行加密。

（四）普遍存在的安全技术研究团队

Lisovich 和 Wicker，即将面临的住宅和商业需求——响应系统中的隐私问题（2008 年）[1]（参考文献略）

Ⅶ. 算法稳健性和隐私解决方案

我们想要评论算法的稳健性，以及由此引申开来评论数据中所包含的信息内容。我们通过测量增加的数据粒度对预估时间间隔的影响来实现这一点。

虽然接下来是评论而非完整的分析，但参数对数据稀缺的容忍度为数据集的信息内容设立了上界，并为我们讨论数据粒度和隐私解决方案之间的关系提供了充分依据。

我们认为隐私保护最终取决于政策。但是，分析技术解决方案是值得的。通过信号处理减少数据的信息内容，这样的技术手段可以保护隐私。该处理可以形成政策解决方案的有用部分——可以向有关各方提供较低分辨率的数据（数据分辨率取决于数据的预期用途），以确保其遵守隐私政策。另外，消费者在离开家时可以选择控制信息内容的数量（在这种情况下，信号处理由电表在住所内进行），用服务质量换取隐私保护。

有几种方法可以增加数据的粒度。原始数据集可以通过滤波器传递，降低采样或被噪声破坏。特别是，低通滤波器可以用于消除高频事件，掩盖在“开”与“关”状态之间快速触发的事件。无论对高分辨率数据进行何种处理，重要的是保留每周/每月的用电量，因为数据分析师需要真正的平均值

和总数用于计费和研究目的。[……]

Ⅸ. 指南

部分由伯克利同事撰写的加州能源委员会的报告为电力数据处理提出了几点建议。他们建议：

1. 公用事业公司自身和州/联邦政府的多层控制和监督；

2. 用于规制访问有关数据服务、载荷研究和其他功能的数据的明确指南；

3. 离开住所时用户对信息的强烈控制；

4. 在住所内的站点处理大部分数据以及严格禁止传递某类数据的协议。

（五）Elster 算法

Elster，智能电网的隐私增强技术。Elster 关于实施隐私增强技术的提案（2012 年）[31]

[……]就智能电网来看，大多数电网维护的案例不需要单个的用户数据，而仅需要由许多用户生成的聚合数据。在许多情况下，收集个人数据的唯一原因是无法直接测量聚合数据。获取真正需要的数据（即聚合数据）的最简单方法就是收集和合并单个数据。

执行隐私增强技术使用同态加密的方法，该方法能够对加密的输入数据进行计算，但仅以未加密的形式显示计算的结果。其使用的密码专门针对多个来源的数据聚合进行了优化，从而使隐私增强技术的实施极其紧凑、有效。

在智能电网的场景中，这意味着该过程所涉及的任何智能电表都以加密的形式提供测量数据，并且在与其他电表的测量值汇总之前该测量数据无法使用。

如果电表具有成对的共享密钥，则可以通过一组电表生成一组总计为零的数值来实现这一点，然后将该数值用来掩盖实际测量值。该方法的优点在于它具有非常低的计算开销，因为可以轻易地从共享密钥计算掩盖的数值，并且毫无通信开销。为了建立所需的密钥，运用了完善的 Diffie-Hellman 密钥交换协议的变体，其要求每个电表仅使用单个的公钥/私钥对。

由于聚合数据在缺少单个测量值的情况下无法计算，所以电表组的规模应该保持相当小，理想情况下最多可有 20 个电表。然后可以通过添加较小子组的测量值来轻易生成较大的电表组，而不存在危及隐私属性的

风险。[……]

为了使用传统读数计算聚合数据，每个测量值均需要单独解密。通过这样做，可以揭示每个电表——甚至是每个家庭——单独的消耗量。

隐私增强计量与此不同。[……]在这种情况下，将电表读数加密并存储在隐私增强负载配置文件中，并且可以根据加密读数来计算聚合的总数，而无须解密单个数值。

永远无法获得单个数值，也不会通过电表传递个人信息。通过比较传统读数的总和和隐私增强读数的总和证明了该协议是正确的，因为二者总是相同的。

（六）数据聚合协议 DiPA（基于 Diffie-Hellman 的私有聚合协议）以及 LoPA（低开销私有聚合协议）

Kursawe，如何获得蛋糕并吃掉它：保护智能电网中的隐私和能效（2012）[32]（参考文献略）

4.2. 数据聚合协议，基于 Diffie-Hellman 的私有聚合协议（DiPA）和低开销私有聚合协议（LoPA）

本节中，我们概述了两种隐私保护数据聚合的具体协议。对于这项工作的范围，我们仅直观介绍协议机制以及提供基本的概要。[……]

第一个协议，即基于 Diffie-Hellman 的私有聚合协议（DiPA），是基于 Diffie-Hellman 公钥方案的简单加密协议。此处的主要机制是同态承诺方案，通过使用 Diffie-Hellman 椭圆曲线可以非常有效地实现该方案。

承诺方案是一种比加密方案更简单的工具。其允许用户修复一些秘密（作出承诺），然后揭示秘密并证明这是它所承诺的价值。与加密方案相反，承诺方案更容易执行且不需要秘密解密密钥，这意味着需要更少的密钥管理。

直观上，人们可以将原始值视为乐高汽车，将承诺方案视为橡皮锤，以及将承诺价值视为一堆乐高积木。承诺原始值（汽车）意味着用锤子粉碎它，并向验证者展示石堆。现在，验证者很难从石堆中重建汽车，但是很容易验证指定的汽车是否与指定的石堆相吻合。

同态承诺的特殊属性是，有可能对承诺执行计算，然后将其计算结果与明文相对应，即：

$$\text{Commit}(A+B)=\text{Commit}(A)*\text{Commit}(B)$$

从我们可视化的角度来看,这意味着可以将两辆乐高汽车添加到转换器(在原始值一侧添加)。类似地,如果将两个单独的汽车生成的石堆叠加,则可获得由转换器生成的石堆,因此添加原始值等同于添加承诺。[……]

虽然该协议仅允许我们比较已知值,但是它很容易转换为计算实际聚合数据的协议。为此,我们仅对单个字节执行标准聚合协议,然后在后端服务器上强制执行这些字节(考虑到测量值的范围较小,这不应超过现代个人电脑可以轻松处理的几百个测试)。

该协议主要优点在于其允许聚合不同的电表组,而无须对电表配置进行任何更改。相反,聚合器需要知道相应掩盖值的总和。例如,这将允许在一个特定区域中分别聚合所有电表,以及同样产生能量的所有消费者电表。

低开销私有聚合协议(LoPA)甚至更简单,但是为了简单而牺牲了一些灵活性。在该协议中,聚合测量值的电表组是固定的,并且该组所有电表之间彼此感知。一个聚合组中的每两个电表共享一个共同的密钥 x(即在十个电表的小组中,每个电表需要保持九个这样的密钥)。当要保护测量值时,一个电表将其所有同级电表对应的 x 添加到输出值,而另一个电表将其减去。因此,密钥的整体效应完全抵消,并且汇总所有值的聚合器得到所有测量值的精确总数。但是,如果仅缺失一个测量值,则并非所有密钥都被取消,并且读数是不可读的。为了保护几个读数的隐私,每次读数后都需要改变密钥;通过运用诸如 SHA-256 之类的散列函数,可以在没有任何交互以及很少计算开销的情况下轻松完成这一点。[……]

该方法的主要优点是,一旦系统初始化后就不会涉及公钥加密,并且所有操作都是简单的加法以及散列函数。这不仅将计算开销降低到绝对最小值,而且还允许消息的大小保持完全相同——掩盖的 32 位值仍然是 32 位值,与基于同态承诺的协议刚好相反,后者需要足够长的位元才使加密安全。因此,该协议非常巧妙地融入现有的 DLMS/COSEM 标准中,并且不必对消息格式进行任何改变。

价格具有较小的灵活性——在该协议中,聚合组由电表具有的密钥所固定,并且不可能同时在不同的电表组上聚合。此外,电表确实需要足够的内存来存储与其同级电表共享的所有密钥。然而,这在实践中没有很大的影响,因为出于稳定性原因,电表组无论如何都应该保持很小规模。[……]

6. 结语

[……]主要信息有两点。首先,现代隐私增强技术达到了实用性水平,

即允许它们在真实系统中运行——虽然在真正部署之前仍需要进行大规模的测试,但实施方案已经证明了融入现有架构和硬件中是可行的。其次,我们展示了关于"正和"隐私的一项实际示例,即与业务一起开发并且确实符合整个商业模式及其要求的隐私技术。如此后,该技术甚至可以为业务带来正面价值——不仅有助于遵守法规和节省其他技术所需的成本,而且还允许拥有更多隐私以及实际上使用更多数据。

九、超过纯粹的隐私:技术评估

Est 和 Brom 的研究,技术评估,分析与民主实践(2012 年)[33](参考文献略)

争辩型技术评估是一种旨在深化有关科学、技术和社会的政治及规范性辩论的技术评估模式。经典技术评估是一种基于专家政策分析的形式,用于在早期阶段确认和评估技术的潜在次要后果。

建设型技术评估是一种旨在通过影响设计实践来解决围绕技术的社会问题的技术评估模式。

议会型技术评估[……](旨在)通过及时向国会议员通报技术变革的潜在社会影响来巩固代议制民主。

参与型技术评估是一种技术评估模式,旨在通过组织专家、利益相关者和公民的参与来确定和评估技术变革的社会影响,从而丰富有关科技社会方面的政治和公共辩论。

技术评估是科学的、互动的和交流的过程,旨在促进形成关于科技社会方面的公众舆论和政治观点。

介绍

技术评估涉及处理技术变革与社会问题之间的关系。因此,本质上讲,技术评估具有强大的政治性。存在一个核心理念驱动着技术评估,即技术评估哲学,其于 20 世纪 70 年代和 80 年代在美国和欧洲被广泛接受,并且也逐渐影响南美洲和亚洲。Rip 将技术评估的这种哲学阐述如下:

"技术评估哲学旨在减少在错误实践中学习的社会成本,并通过系统地预测新兴技术和大型项目的潜在影响以及将反馈融入决策中来实现这一目标。"

换句话说,技术评估将对技术变革的潜在负面和正面影响的认识和人们可以预见到这些影响的信息或希望相结合。

第九节 消费者赋权

欧洲消费者组织，在未来智能能源市场中保护以及增强消费者的权力(2013年)[34]①

消费者经常认为零售能源市场相当复杂，未来智能能源市场将对他们构成更大的挑战。在快节奏的技术创新和变革的世界中，其他新技术会进入消费者的日常生活中。但是这些新技术可能为消费者提供新服务，不过效益尚未得到保证。在运作良好的零售能源市场中，消费者必须得到通知并受到充分保护，以便在竞争中获利，对比消耗和成本的信息，以及了解自己的权益和争端解决的方式。任何技术发展都应当建立在消费者保护和赋权的基础上来确保用户友好型和消费者的参与。

在这份意见书中，欧洲消费者组织指出了未来的挑战，并概述了所有需要解决的元素来确保欧洲消费者在未来智能能源市场中得到良好保护和授权。

智能电表的安装和推广策略

- 成本效益分析必须是强制性的，并考虑到对不同消费群体的影响。
- 成本效益分析必须由独立机构执行并在智能电表推出期间定期进行审核。
- 欧盟委员会应对国家推广持续进行评估。
- 消费者应自由选择是否要在家中使用智能电表。在要求消费者支付费用的情况下，这一点尤为重要。
- 当消费者不接受使用智能电表时，他们不应承担任何额外费用。
- 统一的、自下而上的方法有助于就潜在利益和消费者可获得的新服务提供更有针对性的信息。
- 成员国应概述有关消费者利益的清晰目标以及如何实现这些目标的战略。
- 成员国必须每年报告所取得的进展以及消费者的成本和收益。
- 政策制定者必须提供可靠的法律和监管框架，以确保推出智能电表

① 进一步阅读请参见参考文献[35,36]。

具有成本效益，且得益于新技术的利益相关者都能公平地分担成本和收益。

● 有必要提供针对性的信息和个性化建议，以提高消费者关于如何从智能电表和相关服务中获取潜在利益的意识。

● 在智能电表安装期间和安装后，必须向消费者提供持续性的建议和支持。

● 在安装访问期间，不得向消费者出售任何费率表、商品或服务。

● 必须采取措施保护弱势消费者，以便推出的智能计量技术确实能够解决他们的情况。

消费者的潜在利益

● 配备智能电表的消费者应根据实际消费情况获得准确和定期的账单。

● 智能电表的功能性必须能够访问实时信息、历史信息，并且能够通知以及任意切换。

● 成员国应分析并提供证据证明什么频次的历史消耗数据适合消费者。

● 如果成员国允许使用远程断开功能，则必须采取保障措施和法律保护，以便不会滥用该功能。

● 必须就使用时长而收费对不同社会群体的影响进行分布分析，以及这些群体是否/如何获得新交易的好处。

● 应在选择加入的基础上向消费者提供需求响应计划。

● 由于智能电表将利用动态定价系统，国家监管机构必须仔细监管资费的复杂度，并确保新的资费易于比较且不会妨碍转换。

● 必须向消费者提供关于最佳用途、远程控制和断开智能家电的明确信息和保护框架。

● 那些同时也是生产者的消费者应该以适当的格式接收信息，以便他们了解微型发电的全部潜能。

智能计量系统的技术方面

● 必须确保系统的互操作性和模块性，以避免锁定和确保系统永不过时。

● 该技术应符合设计标准的包容性以确保消费者易于使用。

● 需要监测能源供应的可靠性和质量。

● 保证消费者获得易于访问的信息。

保护消费者的个人数据

- 处理个人数据必须公平合法并且必须遵守数据保护处理的原则，包括透明度、数据最小化和用途限制。
- 每个处理操作必须基于最合适的法律依据，而数据控制者的正当权益不应该被用作漏洞。
- 必须确保遵守通过设计保护隐私和默认隐私的隐私原则。
- 应在智能计量的所有方面引入强制性数据保护和隐私影响评估。
- 个人数据的保存不应超过特定和合法目的所必需的。
- 默认情况下，消费者的个人数据应存储在消费者这一方。
- 有效执行数据保护法规是关键。

第十节　案例研究

一、荷兰

Cuijpers 和 Koops 的研究，欧洲的智能计量和隐私：从荷兰案例中吸取的教训（2013）[37]（注释省略）

然而，推出智能电表需要明智的立法。2009 年荷兰案例中，参议院阻止了两项智能计量法案，这表明如果缺乏相关立法，引入智能电表可能会大大延迟。

更具体的是，荷兰案例表明隐私不容小觑。不进行事前隐私影响评估会产生事与愿违的结果，这是因为拟议的法律要求在每个家庭中强制安装会向网络运营商发送季度/小时测量结果并向能源供应商发送每日测量数据的智能电表。这种详细程度创建了私密数据，并且政府没有证实智能电表需要以这种方式侵犯人们的隐私。

对于考虑有关智能计量立法的国家，可以从荷兰案例中吸取一些教训。实质上，智能电表读数的详细程度以及智能电表的强制或自愿特性是需要考虑的关键问题。程序上，隐私影响评估对于在早期阶段识别个人隐私的潜在影响以及选择最少侵犯隐私的智能计量模式至关重要。应该通过抵制使电表突然“过于聪明”的诱惑来避免功能蠕变的陷阱，如荷兰案例所示，电表突然“过于聪明”可能很容易导致选择隐私侵入型而不是隐私友好型的设置；没有必要通过这些设置实现目前欧洲能效监管的主要目的，即为消费者提供足够的能源消耗反馈以引导节能行为。

程序上的教训还强调了从设计着手保护隐私的必要性。这一原则考虑到需要在实际层面上整合新型信息通信技术的数据保护和隐私。智能计量系统的目的、设计、功能和实施在很大程度上决定了它是否符合隐私和数据保护的法规。因此，从一开始，必须将隐私和数据保护作为智能计量系统设计的重要要求。具有发展前景的是，拟议的数据保护条例明确规定了设计和默认的隐私义务，以及在数据处理具有特定风险的情况下数据保护影响评估的事前义务。

实体上的教训体现在立法者的关键性权衡上：电表的“智能性”与全面强制性的推广。电表越智能，即其读数越精细——每刻钟甚至更短——其功能越多，侵犯隐私的可能性就越大。现有研究已经显示出智能电表数据如何揭示人们家中的日常生活，例如，能够从实时电表读数中发现用户正在观看哪个电视频道，这表明能耗数据的隐私敏感性在未来将只会增加。这意味着，如果各国选择带有揭示家庭隐私的详细读数的智能电表，这在民主社会中几乎是不必要的。因此，这种智能电表只能在自愿的基础上推出，就像现在荷兰实行的那样。相反，如果各国选择符合欧洲法规最低要求的相对“非智能”电表（至少能够进行日常测量并且有个界面向用户显示读数），他们可能会向消费者强制推出这些电表，这符合《欧洲人权公约》的第8条。

二、英国

Brown，英国智能计量计划：从设计着手保护隐私的案例研究（2013）[38]

英国能源与气候变化部①向议会提出的英国计划最终得到了与修订后的荷兰计划相似的规则：用户可以自愿安装电表；在每月（英国）或双月（荷兰）间隔内，以及用户搬家或更换供应商时，无须特别同意即可出于计费目的来计算能耗。为了解具体的法律义务可以读取更详细的数据，但若用于其他目的的每半个小时（英国）或每小时（荷兰）的数据读取，需获得用户明确同意。

虽然这些妥协似乎符合《数据保护指令》和《欧洲人权公约》的基本要

① 能源和气候变化部。

求,但较早考虑更多保护隐私的选择可能会产生更具保护性(且更便宜)的系统。例如,Ross Anderson 已经建议政府简单地协调电表、家用设备和能源公司之间制定通信的行业标准,并制定隐私标准来明确数据应由电表的消费者控制并与其他方最低限度地共享。这将允许对隐私敏感的消费者使用隐私增强技术,例如,由 Danezis 等人开发的技术,①同时仍然为能源行业提供其管理网络和供应所需的信息。不幸的是,英国政府现在似乎已经过于依赖他们目前的方案而不会重新考虑这一选择。

第十一节　结语:要点

1. 作为一种高度侵入性的监视工具,部署智能电网和智能计量系统引发了严重的隐私、数据保护和其他道德问题。在某种程度上,这些都是欧盟监管机构接下来考虑的因素。这一点尤其重要,因为欧盟第三能源一揽子计划(2009 年)强制推出智能计量,目标是如果经济评估是正面的,到 2020 年要实现 80%智能计量系统的部署。

2. 由于任何智能电网和智能计量系统都能处理个人数据,因此适用一般数据保护框架。这样的系统引发了许多数据保护问题,例如,智能计量中处理的数据分为个人或技术数据、数据处理器和控制器之间的区别、数据最小化原则的应用、数据存储的长度、数据主体权利的范围和行使、数据处理的法律依据以及数据处理的安全性和机密性。然而,这些问题的确切解决方案很大程度上取决于给定的智能电网解决方案的技术设计[39,196]。

3. 特别是 1995 年《数据保护指令》中体现的一般数据保护原则被证明是足够清晰和令人满意的,但需要将它们调整以使监管更为具体化[39,196]。

4. 针对智能电网和智能计量系统中的隐私、数据保护和安全问题,欧盟没有具体的约束性法规。此外,截至编写本书时,欧洲高等法院没有关于上述问题的判例。相比之下,颁布了许多软法(即非约束性)法律文书,以补充具有约束力的欧盟数据保护框架,从而实现预期的政策目标。然而,后者的效率——由于其自愿性质——是值得怀疑的。

5. 公平地说,保护隐私和个人数据的主要“工具”是数据保护影响评估。

① 参见本书第 113 页第二章第八节第八小节第(一)点。

为此,已经开发了一个模板。悬而未决的欧盟数据保护框架的改革可能会使数据保护影响评估成为必然。进一步的"工具"包括默认的数据保护和设计的数据保护。

6. 所有决策者和行动者都必须考虑隐私和数据保护问题。特别是,最近荷兰和英国的案例研究提供了平衡能源政策目标与隐私和数据保护问题的示例。

参考文献

[1] Lisovich MA, Wicker SB (2008) Privacy concerns in upcoming residential and commercial demand-response systems. In: 2008 Clemson University Power Systems Conference, vol 1, pp. 1-10, https://www.truststc.org/pubs/332.html.

[2] Anderson R, Fuloria S (2010) Who controls the off switch? In: Proceedings of the IEEE SmartGridComm, pp. 170-190 http://www.cl.cam.ac.uk/ * rja14/Papers/meters-offswitch.pdf.

[3] Department of Energy and Climate Change (2012) Smart metering implementation programme: data access and privacy: government response to consultation. London, December 2012, https://www.gov.uk/government/uploads/system/uploads/attachment_data/ file/43046/7225-gov-resp-sm-data-access-privacy.pdf.

[4] Smart Grid Interoperability Panel-Cyber Security Working Group (2010) Guidelines for smart grid cyber security: privacy and the smart grid. NIST, Vol. 2, August 2010. http://csrc.nist.gov/publications/nistir/ir7628/nistir-7628_Vol2.pdf.

[5] Craig PP, de Búrca G (2008) EU law: text cases and materials. OUP, Oxford.

[6] Nugent N (2010) The government and politics of the European Union, 7th edn. Palgrave Macmillan, Basingstoke.

[7] Cini M, Borragan NPS (2010) European union politics. OUP, Oxford.

[8] Wacks R (2010) Privacy: a very short introduction. OUP, Oxford, pp. 30-31.

[9] Brandeis LD, Warren S (1890) The right to privacy. Harvard L Rev

4:193.

[10]European Union Agency for Fundamental Rights(2013)Handbook on European data protection law. Vienna, Strasbourg. doi:10. 2811/53711.

[11]Court of Justice of the European(2014)The court of justice declares the data retention directive to be invalid. Press Release(54/14):2, http://curia. europa. eu/jcms/upload/docs/application/pdf/2014-04/cp140054en. pdf.

[12]Murrill BJ, Liu EC, Thompson II RM(2012)Smart meter data: privacy and security. Congressional Research Service, 3 Feb 2012, https://fas. org/sgp/crs/misc/R42338. pdf.

[13]Knapp E, Samani R(2013)Applied cyber security and the smart grid. Elsevier, London, pp. 88ff.

[14]Bleicher A(2010)Privacy on the Smart Grid. Are smart meters spies? They don't have to be. IEEE Spectrum, http://spectrum. ieee. org/energy/the-smarter-grid/privacy-on-the-smart-grid.

[15]Spiekermann S(2012)The RFID PIA-developed by industry, endorsed by regulators. In: Wright D, De Hert P(eds)Privacy impact assessment, pp. 323-346. doi:10. 1007/978-94-007-2543-0_15.

[16]Cavoukian A(2012)Operationalizing privacy by design: a guide to implementing strong privacy practices, pp. 21-25.

[17]Cavoukian A(2013a)Privacy by design. Toronto, pp. 1-6.

[18]Cavoukian A(2013b)Privacy by design: fundamentals for smart grid app developers. Toronto.

[19]Van Blarkom GW, Borking J, Olk J(2003)Handbook of privacy and privacy-enhancing technologies. The case of intelligent software agents. College Bescherming Persoonsgegevens, The Hague, p. 33, http://www. andrewpatrick. ca/pisa/handbook/Handbook_Privacy_and_PET_ final. pdf.

[20]Janic M, Wijbenga JP, Veugen T(2013)Transparency enhancing tools (TETs): an overview. In: 2013 third workshop on socio-technical aspects in security and trust, June, pp. 18-25. doi:10. 1109/STAST. 2013. 11.

[21]Hildebrandt M(2009)Behavioural biometric profiling and transparency enhancing tools. Deliverable D7. 12 of the "Future of identity in the information society" project [FIDIS], p. 20, http://www. fidis. net/fileadmin/fidis/deliver-

ables/fidis-wp7-del7. 12_behavioural-biometric_ profiling_and_transparency_enhancing_tools. pdf.

[22] Kloza D(2014) Privacy impact assessments as a means to achieve the objectives of procedural justice. In: Schweighofer E, Kummer F, Hötzendorfer W (eds) Transparenz. Tagungsband Des 17. Internationeln Rechtsinformatik Symposions IRIS 2014. Osterreichische Computer Gesellschaft, Vienna, pp. 449-458.

[23] De Hert P, Kloza D, Wright D(2012) Recommendations for a privacy impact assessment framework for the European Union. Brussels, London, pp. 12-13, http://piafproject. eu/ref/ PIAF_D3_final. pdf.

[24] Hildebrandt M(2013) Legal protection by design in the smart grid. Privacy, data protection and profile transparency. Smart Energy Collective, Arnhem, http://pilab. nl/wp-content/uploads/2013/05/KEM-64P707-BRO-LPbD-in-SmartGrid_A4_FC_v4. pdf.

[25] Danezis G, Rial A(2010) Privacy-preserving metering for smart-grids. Executive summary, p1, http://research. microsoft. com/en-us/projects/privacy_in_metering/.

[26] Rial A, Danezis G(2011) Privacy-preserving smart metering. In: Proceedings of the 10th annual ACM workshop on Privacy in the electronic society, ACM, pp. 49-60. doi:10. 1145/ 2046556. 2046564.

[27] Kursawe K, Danezis G, Kohlweiss M(2011) Privacy-friendly aggregation for the smart-grid. In: PETS'11 proceedings of the 11th international conference on privacy enhancing technologies. Springer, Berlin, Heidelberg, pp. 175-191. doi:10. 1007/978-3-642-22263-4_10.

[28] Danezis G, Kohlweiss M, Rial A(2011) Differentially private billing with rebates. In: Information hiding. Springer, Berlin, pp. 148-162. doi: 10. 1007/978-3-642-24178-9_11.

[29] Garcia FD, Jacobs B(2011) Privacy-friendly energy-metering via homomorphic encryption. In: Security and trust management. Springer, Berlin, pp. 226-238. doi:10. 1007/978-3-642-22444-7_15.

[30] Acs G, Castelluccia C(2011) I have a DREAM! (DiffeRentially privatE smArt Metering). In: Information hiding. Springer, Berlin, pp. 118-132. doi: 10. 1007/978-3-642-24178-9_9.

[31] Elster (2012) Privacy enhancing technologies for the smart grid. Elster's proposal for privacy enhancing technology implementation, pp. 1-8, http://www.elster.com/assets/downloads/PETwhitePaperA4-Web.pdf.

[32] Kursawe K (2012) How to have the cake and eat it, too: protecting privacy and energy efficiency in the smart grid. In: Pohlmann N, Reimer H, Schneider W (eds) Securing electronic business processes: highlights of the information security solutions Europe 2011 conference. Vieweg + Teubner, Wiesbaden, pp. 164-173.

[33] Est RV, Brom F (2012) Technology assessment, analytic and democratic practice. In: Encyclopedia of applied ethics, 2nd edn, pp. 306-320. doi: 10.1016/B978-0-12-373932-2.00010-7.

[34] Bureau Européen des Unions de Consommateurs (2013) Protecting and empowering consumers in future smart energy markets. Brussels, pp. 3-4, http://www.beuc.org/publications/2013-00083-01-e.pdf.

[35] Klopfert F, Wallenborn G (2011) Empowering consumers through smart metering. Bureau Européen des Unions de Consommateurs, Bruxelles, http://www.beuc.org/publications/2012-00369-01-e.pdf.

[36] Hoenkamp R, Huitema GB, de Moor-van Vugt AJC (2011) The neglected consumer: the case of the smart meter rollout in the Netherlands. Renew Energy Law Policy (RELP) 4: 269-282.

[37] Cuijpers C, Koops B-J (2013) Smart metering and privacy in Europe: lessons from the Dutch case. In: Gutwirth S, Leenes R, De Hert P, Poullet Y (eds) European data protection: coming of age, pp. 269-293. doi: 10.1007/978-94-007-5170-5_12.

[38] Brown I (2013) Britain's smart meter programme: a case study in privacy by design. Int Rev Law Comput Technol 28 (2): 172-184. doi: 10.1080/13600869.2013.801580.

[39] De Hert P, Kloza D (2011) The challenges to privacy and data protection posed by smart grids. In: Schweighofer E, Kummer F (eds) Europäische Projektkultur Als Beitrag Zur Rationalisierung Des Rechts. Tagungsband Des 14. Internationalen Rechtsinformatik Symposions IRIS 2011. Osterreichische Computer Gesellschaft, pp. 191-196.